Editionen für den Literaturunterricht
Herausgeber: Dietrich Steinbach

Kurzprosa der Gegenwart

Bundesrepublik Deutschland
Österreich
Schweiz

mit Materialien

Ausgewählt und eingeleitet
von Gertrud Schänzlin

Ernst Klett Verlag
Stuttgart Düsseldorf Leipzig

[ ] Von der Bearbeiterin eingesetzte Titel.
e Entstehungsjahr.
v Erstveröffentlichungsjahr.

Gedruckt auf Papier aus chlorfrei gebleichtem Zellstoff, säurefrei.

1. Auflage 1 10 9 8 7 6 | 2003 2002 2001 2000 1999

Alle Drucke dieser Auflage können im Unterricht nebeneinander benutzt werden, sie sind untereinander unverändert. Die letzte Zahl bezeichnet das Jahr dieses Druckes.
Die Texte folgen – auch hinsichtlich Rechtschreibung und Zeichensetzung – den auf Seite 106 ff. genannten Vorlagen.

Internetadresse: http://www.klett-verlag.de

Umschlag: Zembsch' Werkstatt, München.
Satz: Steffen Hahn FotoSatzEtc., Kornwestheim.
Druck: Ludwig Auer GmbH, Donauwörth.
ISBN 3-12-352040-4

Inhaltsverzeichnis

Vorwort

Kurzprosa der Gegenwart aus der Bundesrepublik Deutschland, Österreich und der Schweiz soll in dieser kleinen Sammlung vorgestellt werden.
Auf rund hundert Seiten können nur einige Autorinnen und Autoren zu Wort kommen, deren ausgewählte Texte keinen umfassenden Überblick bieten, sondern nur exemplarisch zeigen, wie während der letzten zwei Jahrzehnte zeitbezogene und überzeitliche, durch Orte bedingte und räumliche Grenzen überschreitende Themen in sehr unterschiedlichen erzählerischen Formen dargestellt wurden und werden.
Danach gefragt, wie sich die deutschsprachige Literatur seit den sechziger Jahren verändert habe, sagt Fritz Martini: »Die Literatur hat sich natürlich ungeheuerlich verändert. Nicht immer zur Freude der Leser, denen oft mehr abverlangt wird, als sie zu leisten fähig sind. Die Literatur hat ein völlig anderes Gesicht bekommen. Und jetzt ändert sie es wieder. [. . .] Das Erzählen hat immer mehr an Naivität verloren, ist immer selbstkritischer, selbstbewußter und reflexionsbegieriger geworden [. . .].«[1]
Wir haben uns daran gewöhnt, daß – mit Vorbehalten und differenzierenden Einschränkungen – die Literatur der siebziger Jahre mit dem Etikett ›Neue Subjektivität‹ versehen und die Literatur der achtziger Jahre der ›Postmoderne‹ zugerechnet wird. Bei aller Skepsis gegenüber Begriffen, die den Eindruck von epochalen Zäsuren vermitteln, läßt sich doch ein Wandel nach der teilweise radikalen Politisierung der Literatur in den sechziger Jahren feststellen. Eine Korrektur, nicht eine Umkehr sieht Peter Schneider in der betonten Wendung zur Sensibilität, zunächst zur Sensi-

(1) In einem Gespräch mit Klaus B. Harms: ›Wo sind die Dramatiker, die Erzähler?‹. Stuttgarter Nachrichten vom 5. 9. 1989.

bilität für ureigene, persönliche Erfahrungen, dann aber ebenso für globale, Mensch und Natur betreffende und bedrohende Phänomene.

Selbstverständlich wollten auch einige Vertreter der als ›politisch‹ klassifizierten Literatur für ›subjektive‹ Probleme sensibilisieren, selbstverständlich schließt die Darstellung persönlicher Lebensgeschichten und Lebensbedingungen andererseits die Reflexion gesellschaftlicher Zwänge und zivilisatorisch-technokratischer Prozesse nicht aus, und auch kritische Bestandsaufnahmen der gegenwärtigen Umwelt können von einer Selbstreflexion ausgehen, von einer gründlichen Reflexion des von objektiv gegebenen Faktoren beeinflußten und geprägten Subjekts.

Eine zeitliche Fixierung der Haupttendenzen in der modernen deutschen Kurzepik ist demnach nicht möglich. Deshalb sind die Texte nicht chronologisch angeordnet. Auch auf eine thematische Gliederung wurde verzichtet, denn unterschiedliche Lesarten können und sollen durchaus zu unterschiedlichen thematischen Gruppen führen.

H. C. Artmann: Auftritt eines rowdys

(1970 v)

Ein sonntag beginnt nicht, er bricht aus, grausam, unbarmherzig, roh wie eine dumpfe bestie, und zwar schon am samstag, wenn die läden schließen. Ein ausbrechender sonntag fängt mit bewölkungszunahmen an, versucht sich später in sonnigen perioden, die indes doch nur einen tinnef wert sind, setzt sich in regenschauern fort und endet fast immer mit halbschwülen abenden, derer man sich jahre nachher noch wie eines unauslöschlichen alptraums entsinnt. Gräßlicher sonntag gräßlicher!

Er entsann sich ebenfalls eines sonntags, der ihm wie ein verschwitzter fremder hut vorkam, ein hut, der einem gar nicht gehört, den einem ein straßenrowdy in die stirne drückt, mit vorgehaltener pistole, unter todesdrohungen, die er zwischen zuchthäuslerisch zusammengepreßten lippen hervorstößt, *den hut auf oder es knallt, schwager!* Eine ziemlich unsinnige vorstellung das, aber es kann passieren; was nicht alles passiert oder sogar schon geschehen ist, die welt gefällt sich in wiederholungen, manches passiert drei viermal, duplizitäten, triplizitäten, alles blödsinn, aber wie sich dagegen wehren? man dürfte ja geradezu nicht mehr ins freie hinaus, luftholen, atemschöpfen, sich die beine vertreten . . Oder der rowdy dringt unter einem lächerlichen vorwand in das zimmer ein, das man eben bewohnt; sie wissen doch: verzeihung, bin ich hier recht bei schningsdangs oder so? Und schon sitzt ein schuh zwischen tür und angel, es ist kein engel, kein vertreter, kein gottsucher – es ist der rowdy mit dem verschwitzten hut und der seltsamen vorstellung noch seltsameren humors – er verpaßt einem einen ekelhaften filz, den man nicht ums verrecken zu tragen gewillt ist, den zu tragen aber der wille eines berevolverten unterkerls ist, so eine hirnrissige vorsehung in das haus, die treppen hoch, vor die türe, in das zimmer geschickt hat. Den hut auf oder es knallt! Eine schlechte kinophrase – oder eine gute? Jedenfalls überaus übel mitspielend, wenn in natura angewendet . . Mein herr, ich frage sie mit der hand auf dem herzen: wie würden sie in solch einem falle reagieren? Edle haltung? Nonsens! Her mit dem revolver? Selbstmord! Freundliche unterwerfung ins unvermeidliche? Scheiße! Was hinterher mit diesem makel auf dem brustlatz der seele? Oh, man ist ausgeliefert; warum hat man das karate nach drei kursstunden wie einen romantischen säbel an die wand gehängt? Warum ist man kein gefürchteter maffioso, ein mann mit sardonischer havanna namens Calogero Dingsbums? Oder der papst in panzerwagen mit kugelsicherer weste? Warum nicht der rowdy persönlich, dem so was nie zustoßen kann, weil er es selbst schon eher an anderen ausführt? Man kommt aus dem lichtspielhaus Alhambra, eine dunkle straße des nachhausewegs, die wenigen besucher verlieren sich in londonähnlichen fogs und spärlichen neonlichtleins .. plötzlich schritte! Der asphalt oder das katzenkopfpflaster glänzt, man will sich nicht umdrehen, dreht sich aber um .. Da ist keiner – aber mit dem ängstlich herausgedrückten gesäß rempelt man an den aus nebel und nässe auftauchenden rowdy, ihn so der ohnedies geringen mühe enthebend, einen plausiblen grund für sein nefastes eingreifen erfinden zu müssen. Autsch, schreit der rowdy, autsch, sie lümmel, haben sie keine augen im kopf? .. Oh, pardon, ich dachte eben schritte hinter mir zu hören, stammelt man perplex, es war völlig unbeabsichtigt von mir! .. Der rowdy grinst sein hämisches rowdygrinsen, man kennt das aus hundert kinovorstellungen. Wie, beabsichtigen wollten sie das auch noch, sie gangster? Hören sie mal gut zu, freundchen (oder: hör mal gut zu, freundchen!). An einem tag, so wie heute, bei nacht und nebel, da mache ich meistens nicht viel faxen, wenn mir einer auf den wecker geht .. Und du gehst mir auf den wecker, freundchen, ich habe es satt, auf schritt und tritt von deinesgleichen angepöbelt zu werden, ich werde dir schon beweisen, was es heißt, einem unbescholtenen menschen mit dem arsch in den bauch zu fahren!

Und er zieht den bewußten hut aus dem inneren seines zwielichtigen jackets, fuchtelt mit jenem nauseaten, schweißdurchtränkten filz durch die dunkelheit der vorstadt, kein mond, kein stern, keine blendlaterne eines hilfreichen privatdetektivs, kein treuer hund, der böses ahnend nachgefolgt ist und nun eingreifen wird . .

Für dich gibt es nur eine wahl, freundchen: entweder du setzt das ding hier auf deine birne, oder, hol mich der teufel, ich pfeffere dir ein halbes schock blauer bohnen zwischen die rippen (oder: in die kaldaunen)! Neben der ungustiösen hutkrempe hebt sich ein kaum erkennbarer schemen ab – die mündung eines häßlichen, bulligen revolvers.

Man ist selbst kein rowdy, man hält alles, wie das eben hierorts vorfallende für einen albernen scherz, für den kurz aufkommenden maulhelden in der psyche eines trunkenbolds, für einen verspäteten karnevalswitz. Ein stoppelrevolver, eine moderne plastikattrappe – aber da klickt es so gefährlich, da funkelt es in den gnadenlosen augen des rowdys wie von kalten streichholzflämmchen, aus der herbstlichen straße zieht der schlammige moder der kanäle, kein hund knurrt zu deiner befreiung, keine blendlaterne schießt wie kühne seide in die fratze des unholds, kein stern besänftigt, kein mond verscheucht . .Der schuldlose passant ist *ausgeliefert* und der rowdy erklettert genüßlich die letzten sprossen der magirusleiter seines billigen triumphes. Hier, der hut, und aufgesetzt oder es kracht!

Ja, leicht hat es so ein rowdy. Wie aber hat es der überfallene? Von schwer haben kann da überhaupt nicht die rede sein – eben noch aufatmend der traumhaften halsklammer eines horrorfilms entronnen, jetzt schon wieder in der klaue eines herzbeklemmenden würgegriffs. Wo bleibt die wahrheit, wo die dichtung? Die grenzen ziehen verschwommen durch sein hirn wie tinte, die auf eine lache milch gerät . .

Der hut, eine waagerechte gloriole aus schlechtem dunst und juckenden transpirationsflecken, schwebt über dem haupte des überfallenen, um sich auf dessen mögliches affirmativ bereitwilligst zu senken, was auch sollte man sonst, denn ja sagen; eine revolvermündung an den nieren ist kein eis am stiel, freunde! Oder doch! Ha, Moribundo, die ehre! Selbst ist der gentleman, er kennt keine hinterlist, seine sprache ist die faust von vorne, nicht die bierflasche von hinten; ein mann, der in der Gascogne gelebt hat, einer der die kymrischen gebirge in gummistiefeln überquert hat, einer der die sumpfigen lande der donaumündungen mit der botanikerlupe erforscht hat - und nun: würde er sich tatsächlich dem bündigen diktat eines nokturnen stracholders fügen? Wenn doch noch ein mond auftauchte, ein stern erschiene, eine blendlaterne trost böte, ein treuer hund aufträte, um die absicht des rowdys zu vereiteln! Ihr Götter der abenteuer, ihr letzteminutisten, ihr derzufallwolltessohabens, ihr dochnochhappyenders, wo seid ihr? was hat man von euch schlußendlich zu erwarten, wenn nicht rettung vor einem diabolisch besudelten stinkfilz?!

Noch schweigt das opfer, ohnmächtiger grimm zerfasert während bruchteilen einer sekunde sein pochendes herz; wie in solch kurzen phasen rat zu halten über das, was zu tun bereits zu spät ist? Wie ein meteor, der aus dem all ins all schießt, würde ein ja an der zustimmung vorbeigehen, der unglückliche ephemär durch einen ungewollten hut bekleckert, der rowdy durch einen blitzsieg aufs äußerste befriedigt, kein kugelwechsel aus kaltem metall in warmes fleisch, ein toter weniger, ein steckbrief weniger, ein erwachen mit dem schönen ausruf *mein gott, ich lebe ja noch!* oder *ich muß das alles geträumt haben!*

Ich leg ihn um, meiner treu, ich leg den burschen um, er hat mich beleidigt, ich leg ihn um! Die milch des zornes des rowdies ist am überkochen, der tee seines gräßlichen hasses brodelt nahezu über den topfrand seiner finsteren psyche, ein galliges gurgeln entringt sich seiner kehle - die suppe ist gar, ruft er schrecklich, jetzt löffle sie aus! Und mit dem, was sein kleiner revolver erbrechen wird, gedenkt er die speise zu salzen. Doch da glitscht er aus, ärschlings schlägt er hin, ungezielt steigt ein projektil gen himmel, ein feuerstrahl, senkrecht wie ein ehrlicher mann, dann die detonation: dumpf oder grell? was weiß man nachher? ..

Wer unrecht tut, steht auf scheiße, ohne es zu wissen - eine unbedachte bewegung des betroffenen fußes, eine durchaus minimale wendung der gummisohle, ein gleiten, ein glitschen - hilfe!!

Mit dröhnendem kopf erhebt sich, nein, rappelt sich der rowdy auf. Er ist der gelackmeierte, dies war sein erster fall von hoher leiter, ein höllensturz in hundedreck und menschenpisse, ein huttrick, der zum ersten mal versagt! Im osten graut ein übler mundgeruch von morgen, ein vogel miaut, eine katze piepst im traum, in neuen tavernen knipst man neue lichter an, in alten löscht man alte aus - ein verschweißter hut bleibt einsam auf der strecke.

Jurek Becker: Der Nachteil eines Vorteils

(1980 v)

Pinguine, so habe ich einmal gelesen, seien außerhalb ihrer Heimat, in zoologischen Gärten etwa, äußerst schwer zu halten. Die natürlichen Bedingungen, unter denen sie lebten, seien so beschaffen, daß es Krankheitskeime kaum gebe. Das habe zur Folge, daß der Organismus der Pinguine, da er solche Keime praktisch nie abzuwehren habe, auf deren Abwehr praktisch nicht eingerichtet sei. Nur gegen Kälte verfüge er über große Widerstandskraft.
In zoologischen Gärten nun, wo es von Bakterien aus aller Herren Länder nur so wimmle, sei die Lage für Pinguine fatal. Nahezu schutzlos, hieß es, seien sie Krankheitskeimen ausgeliefert, über die andere Tiere gewissermaßen nur lächelten. Und selbst winzigste Gefahren, die von den Organismen der übrigen nicht einmal wahrgenommen würden, könnten für die Pinguine tödlich sein. Die Gewöhnungszeit sei lang und erfordere von den Pflegern außerordentliche Geduld.

Jurek Becker: [Personen]

(1980 v)

Personen, die sich fortwährend verraten. Die so ungeschickt sind, daß sie nie verheimlichen können, woran du mit ihnen bist. Die zwar versuchen, es zu verheimlichen, weil sie nicht für dumm gehalten werden wollen, doch immer ohne Erfolg.
Die ankündigen, daß sie das und das tun werden, und die es dann tatsächlich tun. Du kannst dich in aller Ruhe darauf

vorbereiten, du kannst ihnen eine Falle stellen, und sie tappen mit Sicherheit hinein. Und während sie sich aufrappeln oder daliegen und gefangen sind, ziehst du deinen eigenen Nutzen.

Personen, die nicht selten im Streit unterliegen, weil sie sich in eine Meinung vertiefen, ohne nach links und rechts zu sehen. Die sich dann plötzlich an die Nase greifen und verlegen sind und nicht mehr weiterwissen. Denen du nicht einmal etwas entgegenzuhalten brauchst: du mußt sie nur reden lassen, und sie kommen oft selbst an diesen Punkt. Die dich zwar nie verraten, auf die eigentlich aber auch kein Verlaß ist. Weil sie nicht einsehen, daß kein Verlaß auf jemanden ist, auf dessen Zustimmung kein Verlaß ist. Solche, die unfähig sind zu der Erkenntnis, daß ihnen aus einem bestimmten Verhalten Vorteile und aus einem anderen Nachteile entstehen.

Die dir ein schlechtes Gewissen bereiten: weil du selbst nicht so einfältig sein möchtest, wie sie es sind, doch immer meinst, du müßtest dich vor ihnen rechtfertigen. Die dir zwar keine Vorwürfe machen, deren entgegengesetztes Verhalten dir aber wie der größte Vorwurf vorkommt.

Die nichts dabei zu finden scheinen, das eine Mal recht zu haben und das andere Mal unrecht. Die sich einbilden, das Eingeständnis eines Fehlers sei richtiger als die Verteidigung einer Position. Und die dich dann, wenn du sie auf diesen Irrtum aufmerksam machst, ansehen, als wüßten sie nicht, wovon du zu ihnen sprichst.

Die den jeweiligen Augenblick so wichtig nehmen, daß sie ganz und gar untauglich scheinen, ein weit entferntes Ziel zu verfolgen. Weil sie so tun, als entscheide sich alles im jeweiligen Augenblick. Die keine Reserven zurückbehalten: die sich völlig verausgaben und dann dastehen und angewiesen sind auf Freunde, derer sie sich vorher nicht versichert haben.

Jurek Becker: Das Bild

(1980 v)

Als er beschloß, den Drachen zu töten, war die Nacht windig und kühl. Er stand am Fenster, weil er nicht schlafen konnte, und sah hinaus auf die wenigen Lichter, die noch nicht ausgegangen waren. Seit ein paar Wochen schon schlief er schlecht, aber so ans Fenster gestellt hatte er sich bisher nie. Er hätte auch lesen können wie in den letzten Nächten, das Zimmer lag voll von verbotenen Büchern, die er noch nicht kannte. Doch er spürte in dieser Nacht einen starken Widerwillen gegen Bücher und gegen alles Aufgeschriebene, den er sich bis heute nicht erklären kann. Er steckte ein paar Kohlen in den Ofen.

Bald konnte er die Einzelheiten vor seinem Fenster fast so gut erkennen, als schiene die Sonne über allem. Er weiß noch, daß es ihn wunderte, mit wie wenig Licht seine Augen auskommen konnten (er dachte: die Augen des Menschen), und daß er sich die Frage stellte, ob das viele Licht tagsüber nicht Verschwendung sei. Auf dem gegenüberliegenden Hügel sah er dann hellen, flackernden Rauch aufsteigen. Jemand mußte ein Feuer gegen die Kälte angezündet haben, es war seit langem der kälteste November. Dann aber schien es ihm wieder, als bewege sich die Rauchsäule, auch als nehme der Rauch in Schüben zu und ließe wieder nach, wie der Atem eines Wesens. Als er herausfand, daß er sich geirrt hatte, daß nur der Wind hinter den eigenartigen Bewegungen des Rauches steckte, war es aber schon zu spät, er dachte an den Drachen. Nach Möglichkeit versuchte er, seine Gedanken von dem Drachen fernzuhalten, denn es gab nichts, woran er mit mehr Unbehagen hätte denken können; er mochte sich selbst nach solchen Gedanken nicht leiden. Sie waren immer einem Seufzen ähnlich und nie dem Nachdenken über eine Aufgabe, die noch zu lösen war. Immer kam er sich dann ohnmächtig und feige vor und irgendwie auch wehleidig. Daß auf alle, die er kannte, dasselbe zutraf, half ihm da gar nichts, und es half ihm auch nichts, daß manche unter ihnen waren, die er trotzdem achtete oder sogar bewunderte. Doch in dieser

Nacht spürte er einen seltsamen Zorn, und er zitterte vor Erwartung, etwas zu unternehmen.
Der einzige ihm bekannte Mensch, der es je gewagt hatte, gegen den Drachen etwas zu unternehmen, war ein alter Mann, der nicht weit wohnte. Er hatte furchtbare Narben von seinem Kampf zurückbehalten, manchmal traf man ihn auf der Straße. Sein Gesicht war so entstellt, daß er das Haus nur mit einer dunklen Brille verließ, den Hut tief in die Stirn gezogen. Die meisten Leute mieden ihn, und auch er, so dachte er hinter dem Fenster, konnte nicht von sich behaupten, daß er des alten Mannes Nähe suchte. Dabei hatte er keine Angst, der Drache könnte ihn mit dem Mann zusammen sehen und sie für Freunde halten. Das hätte ihm nichts ausgemacht, und auch mit der Häßlichkeit des Mannes wäre er schon fertiggeworden. Doch kaum erblickte er den Alten, wurde er daran erinnert, daß es einen gab, der gewagt hatte, gegen den Drachen anzutreten, daß er selbst aber tatenlos dahinlebte und daß von seiner heimlichen Empörung niemand einen Nutzen hatte. Wie hätte ihm das gefallen können, und so ging er dem Mann aus dem Weg. Einmal hörte er, wie zwei sich über ihn unterhielten. Der eine sagte, der Mann brauche sich gar nicht darüber zu wundern, daß alle ihn meiden; der Grund dafür seien seine Verunstaltungen, und die habe der Mann sich schließlich selber zuzuschreiben. Der andere nickte nach diesen Worten, und er hatte nichts dazu gesagt und war nur weggegangen.
Als er noch sehr jung war und sich noch bei dem Gedanken beruhigen konnte, er würde später einmal gegen den Drachen kämpfen, fragte er den Mann einmal, was für ihn den Ausschlag gegeben habe, so tapfer zu sein. Der sagte: Ich wollte die Belohnung haben. Welche Belohnung? fragte er da. Der Mann sagte: Die Prinzessin natürlich. Weißt du denn nicht, daß der König die Prinzessin demjenigen zur Frau versprochen hat, der den Drachen besiegt? Er schüttelte den Kopf, er hatte davon kein Sterbenswort bisher gehört. Da führte der Mann ihn zu sich nach Hause und nahm ein Bild der Prinzessin aus seiner Schublade und zeigte es ihm. Seit jenem Augenblick liebte er die Prinzessin.

Lange Zeit sehnte er sich nach ihr, wie sich nur ein junger Mann sehnen kann. Doch immer, wenn er an sie dachte, fühlte er auch Trauer; denn er war sicher, daß ein Stärkerer und Würdigerer als er sie erobern würde. Und in seine Verzweiflung darüber, daß der Drache noch nicht besiegt war, mischte sich hin und wieder eine schlimme Freude. Er dachte sich dann zum Trost, wenigstens bliebe ihm so die Aussicht erhalten, den Drachen später einmal selbst herauszufordern. Er schämte sich dafür, konnte es aber nicht ändern.

Einmal fragte er den Mann, ob der ihm für ein paar Tage das Bild der Prinzessin leihen könne, denn er wollte sich eine Kopie des Bildes anfertigen lassen. Der Mann schenkte es ihm, obwohl er kein zweites Bild von der Prinzessin besaß. Er wollte es nicht annehmen, doch der Mann, der damals schon ziemlich alt war, sagte, er solle sich nicht so zieren. Er sagte, er brauche aus verschiedenen Gründen das Bild nicht mehr: Erstens seien seine Augen zum Bilderbetrachten inzwischen viel zu schlecht, zweitens füllten sie sich, sobald er ihnen das Bild zeige, mit Tränen, und drittens kenne er es längst auswendig. Da nahm er das Geschenk an. Er hängte das Bild an seine Wand und sah es jeden Tag eine Weile an, so wie er sich jeden Tag die Zähne putzte oder Frühstück aß. Er fühlte sich der Prinzessin nun näher als zu der Zeit, da er noch kein Bild von ihr besessen hatte. Doch mit den Jahren wurde dieses Gefühl schwächer und immer schwächer, bis jene Nacht heran war.

Nachdem er alles gesehen hatte, was draußen war, wendete er sich ab vom Fenster und setzte sich an den Tisch. Er ließ das Zimmer dunkel, er kam sich so ohne Glück vor, daß er meinte, dieses Gefühl werde entweder bald vergehen, oder er müsse daran sterben. Er saß bewegungslos da, als wartete er auf ein Ereignis, das alles veränderte. Gleichzeitig wußte er natürlich, daß ein solches Ereignis nicht bevorstand, und er wußte, daß der Drache irgendwo draußen zufrieden schlief, gesättigt von dem täglichen Menschenopfer. Er wußte es und saß da wie jemand, der sich abgefunden hat; wie jemand, für den es nur noch durch die Kraft anderer Rettung gibt.

Auf einmal war ihm, als hätte er eine flüsternde Stimme gehört. Er war zu traurig, um zu erschrecken, doch hob er den Kopf, lauschte und fragte nach einer kleinen Weile, ob jemand zu ihm gesprochen habe. Als alles ruhig blieb, machte er das Licht an und sah sich im Zimmer um. Es schien unverändert, dann streifte sein Blick zufällig das Bild der Prinzessin an der Wand, und das Herz krampfte sich ihm zusammen. Das Bild zeigte nicht mehr das schöne junge Mädchen, in das er sich vor langer Zeit so verliebt hatte, sondern eine alte Frau mit eingefallenen Wangen, mit Furchen auf der Stirn und mit verzweifelten Augen. Er machte sofort das Licht wieder aus, denn er konnte den Anblick nicht ertragen.

Er setzte sich an den Tisch zurück, zitternd und schweißnaß, er dachte, der Schrecken hätte nicht größer sein können, wenn statt des furchtbaren Bildes der Drache in seinem Zimmer gewesen wäre. Viele Male wiederholte er sich die Frage, was um Gottes willen mit dem Bild geschehen sei; doch war er zu verstört, um ernsthaft nachzudenken, er sprach nur immer wieder die Frage vor sich hin. Schließlich überwand er sich und machte von neuem das Licht an. Er stellte sich vor das Bild, hielt aber die Augen geschlossen, als müßte er sich zuerst auf den grausigen Anblick vorbereiten. Dann öffnete er die Augen, zuerst zu schmalen Schlitzen, dann ganz: das Bild sah jetzt aus wie immer.

Wenn ihm das steinalte Gesicht nicht noch so nahe gewesen wäre, hätte er an seinem Verstand zweifeln können. Er hätte sich für einen halten können, der Halluzinationen hat, für einen, den das Unglück und die Nacht verwirrten. Und wenn das auch kein Grund gewesen wäre, um wieder froh zu sein, es wäre immerhin eine Antwort auf die Frage gewesen, wie er ein Bild hatte sehen können, das überhaupt nicht da war. Doch daran, daß er es tatsächlich erblickt hatte und daß es keine Sinnestäuschung war, bestand für ihn kein Zweifel. Er brauchte nur die Augen zu schließen, schon hatte er das steinalte Gesicht wieder vor sich. Er fand alle Einzelheiten darin wieder, er fand sogar die Ähnlichkeit zu seiner jungen Prinzessin. Er mußte sich damit abfinden, daß etwas geschehen war, das er nicht verstand.

An Schlaf war nun gar nicht mehr zu denken. Er zog seinen Pullover an, löschte das Feuer im Ofen und ging auf die Straße hinaus, obwohl das Ausgehverbot noch lange nicht vorüber war. Er hatte es noch nie übertreten, spürte aber keine Angst. Ja, ihm war, während er spazierte, nicht einmal bewußt, daß er ein Gesetz verletzte; und wenn er doch einmal für Sekunden daran dachte, dann nur auf eine merkwürdig nebensächliche Art und Weise. Als er um eine Ecke bog, begegnete er einem Polizisten, ohne daß sein Herz schneller schlug. Der Polizist beachtete ihn nicht, wohl weil er sich nicht vorstellen konnte, daß um diese Zeit jemand ohne Sondergenehmigung unterwegs war.
Nach einigem Umhergehen erkannte er, daß er sich ein falsches Bild von seiner Unruhe gemacht hatte. Er hatte sich ja eingebildet, sie komme von dem Geheimnisvollen in seinem Zimmer her, von diesem Vorfall, der wie Spuk oder Hexerei war. Auf dem Spaziergang durch die Nachtluft aber, zwischen den kalten Häusern, fand er den wahren Grund: Er wußte jetzt, daß die Prinzessin längst kein junges Mädchen mehr war. Zugleich kam es ihm unbegreiflich vor, wie er so lange die Augen vor etwas hatte schließen können, das so gewiß und selbstverständlich war. Er dachte: Natürlich! sie wird älter und älter, das Bild an meiner Wand ist vor wer weiß wie vielen Jahren gemacht worden. Er dachte auch: Mein Gott, ich tue so, als stehe die Zeit für die Prinzessin still, als spiele es keine Rolle für sie, ob der Drache in diesem Jahr besiegt wird oder im nächsten oder in irgendeinem späteren. Und er dachte: Mein Gott, wenn ich mich nicht sofort entscheide, dann hat ja alles keinen Sinn mehr. Und da beschloß er, den Drachen zu töten.
Seine Augen begannen zu weinen, als er sich ausmalte, wie es in der Prinzessin jetzt aussah. Er konnte sich gut vorstellen, wie stolz ihr zumute gewesen sein muß, als der König sie zur Belohnung für den Drachentöter bestimmte. Und wie sie dann gewartet hatte, am Anfang vielleicht bange, daß es ein falscher sein könnte, ein Unansehnlicher oder ein Dummer, der den Drachen besiegt. Und er stellte sich vor, wie sie ungeduldig wurde später, und wie ihr dann vielleicht jeder recht gewesen wäre. Und wie sie später die

Angst gespürt haben muß, daß sich keiner findet, nicht ein einziger, und noch später die Verzweiflung. Er wischte seine Tränen fort und sagte sich, er habe den Drachen selbst dann zu töten, wenn die Prinzessin zu alt für seine Umarmungen geworden war. Solange er zurückdenken konnte, hatte er sich immer nach ihr gesehnt, dafür war er ihr viel schuldig. Als er wieder einem Polizisten begegnete, schlug sein Herz wie verrückt, denn plötzlich stand alles auf dem Spiel.

Thomas Bernhard: Innerer Zwang

(1978 v)

Kremser Feuerwehrleute waren vor Gericht gestanden, weil sie ihr aufgespanntes Sprungtuch in dem Augenblick zurückgezogen hatten und davongelaufen waren, in welchem der Selbstmörder, der schon mehrere Stunden von einem Mauervorsprung im vierten Stockwerk eines Kremser Bürgerhauses herunter gedroht hatte, er werde sich in den Tod stürzen, tatsächlich abgesprungen ist. Der jüngste der Feuerwehrleute hatte vor Gericht ausgesagt, er habe *aus einem urplötzlichen inneren Zwange* gehandelt und sei, wie er gesehen habe, daß der Selbstmörder seine Drohung wahrgemacht hatte, davongelaufen, ohne das Sprungtuch auszulassen. Da er von allen sechs Feuerwehrleuten der stärkste gewesen war, hatte er die übrigen fünf mitsamt dem Sprungtuch mitgerissen gehabt und in dem Augenblick, in welchem der Selbstmörder, ein unglücklicher Student, wie die Zeitung schreibt, auf dem Platz unter dem Hause, an welchem er sich solange festgeklammert gehabt hatte, aufgeplatzt war, wären sie selbst alle zu Boden gestürzt und hätten sich dabei mehr oder weniger schmerzhafte Verletzungen zugezogen. Das Gericht, vor welchem der Feuerwehrmann, welcher als erster mit dem Sprungtuch davongelaufen und der, wie gesagt, als der jüngste und stärkste unter ihnen, als Hauptangeklagter vor dem Gericht gestanden war, hatte sich der Verantwortung dieses Hauptangeklagten nicht entziehen können und hat, wie auch die übrigen fünf Kremser Feuerwehrleute, den Feuerwehrmann freigesprochen, obwohl es naturgemäß nicht von seiner Unschuld überzeugt gewesen sein konnte. Die Kremser Feuerwehr steht seit Jahrzehnten in dem Rufe, die beste Feuerwehr der Welt überhaupt zu sein.

Thomas Bernhard: Mildtätig

(1978 v)

Eine uns benachbarte alte Dame war in ihrer Mildtätigkeit zu weit gegangen. Sie hatte, wie sie geglaubt hatte, *einen armen Türken* zu sich genommen, welcher anfänglich auch über die Tatsache, daß er jetzt nicht mehr in einer zum Abreißen bestimmten Bauhütte existieren mußte, sondern jetzt, durch die Mildtätigkeit der alten Dame in ihrem in einem großen Garten gelegenen Stadthaus leben durfte, dankbar gewesen war. Er hatte sich bei der alten Dame als Gärtner nützlich gemacht und war von ihr nach und nach nicht nur neu eingekleidet, sondern tatsächlich verhätschelt worden. Eines Tages war der Türke auf dem Polizeikommissariat erschienen und hatte angegeben, er habe die alte Dame, die ihn aus Mildtätigkeit ins Haus genommen habe, umgebracht. *Erwürgt,* wie die Gerichtskommission bei einem sofort angesetzten Lokalaugenschein festgestellt hatte. Als der Türke von der Gerichtskommission gefragt worden war, warum er die alte Dame umgebracht und also erwürgt habe, antwortete er, *aus Mildtätigkeit.*

Thomas Bernhard: Umgekehrt

(1978 v)

Wenn mir zoologische Gärten auch immer verhaßt gewesen sind und die Leute, die solche zoologischen Gärten aufsuchen, tatsächlich suspekt, ist es mir doch nicht erspart geblieben, einmal nach Schönbrunn hinauszugehn und, auf Wunsch meines Begleiters, eines Theologieprofessors, vor dem Affenkäfig stehenzubleiben, um die Affen zu beobachten, die mein Begleiter mit einem Futter fütterte, das er zu diesem Zwecke eingesteckt gehabt hatte. Der Theologieprofessor, ein früherer Studienkollege, der mich aufgefordert hatte, mit ihm nach Schönbrunn zu gehen, hatte mit der Zeit sein ganzes mitgebrachtes Futter an die Affen verfüttert, als plötzlich die Affen ihrerseits auf dem Boden verstreutes Futter zusammenkratzten und uns durch das Gitter herausreichten. Der Theologieprofessor und ich waren über das plötzliche Verhalten der Affen so erschrocken gewesen, daß wir augenblicklich kehrtmachten und Schönbrunn durch den nächstbesten Ausgang verließen.

Peter Bichsel: Wege zum Fleiß

(20. 3. 1976 e)

Sie kennen die Geschichte: Nehmen Sie es mir nicht übel, wenn ich annehme, daß Sie sie als fast selbst erlebt weitererzählt haben, ich tu' es auch. Mythen und Legenden haben so ihre Kraft, man muß sie weitererzählen.

Also: Der, der mir das erzählt hat, hat es direkt von einem, dem es einer erzählt hat, der den entsprechenden Personalchef kennt.

Also: Ein Stellensuchender kommt zu einem Personalchef. Jener ist bereit, ihn einzustellen, und weist mit Stolz darauf hin, daß in dieser Firma noch voll gearbeitet werde. »Was, Sie arbeiten am Freitag?« sagt der Stellensuchende, »das interessiert mich nicht, ich wünsche Kurzarbeit.« Also, Hand aufs Herz, Sie kennen die Geschichte, und also, Hand aufs Herz, Sie haben sie weitererzählt, in der Überzeugung, daß es diesen Personalchef gibt und daß der, der Ihnen das erzählt hat, einen kennt, der ihn kennt, aber – Hand aufs Herz – kennen Sie den Stellensuchenden und kennen Sie den Personalchef?

Gut, ich kann mir vorstellen, daß ein Personalchef zu finden ist, der diese Geschichte bezeugt. Ich kann mir sogar vorstellen, daß sie wahr ist. Aber sie wird mir ein bißchen zu

oft erzählt, so als ob sie jeden Tag an jedem Ort und jedem Personalchef passieren würde.
Eine Wanderanekdote mit Methode: Was sich ein Arbeiter gefallen lassen muß, das soll ihm auch gefallen.
Eine andere Geschichte - sie wird nicht so oft erzählt. Sie ist wahr: Ein älterer Arbeiter verstaucht sich bei der Arbeit die Hand. Er geht zu seinem Hausarzt, den er seit Jahren nicht mehr beanspruchen mußte, und dieser stellt fest, daß die Hand zur Heilung einige Tage vollkommene Ruhe brauche. Die Firma ruft den Arzt an und erklärt, daß sie solche Zeugnisse nicht mehr akzeptieren könne, entweder arbeite der Mann, oder man müsse ihn entlassen, denn jetzt, wo sie so viele Leute hätten entlassen müssen, seien sie auf den letzten Mann voll und ganz angewiesen, um den Betrieb aufrechterhalten zu können.
Ich weiß nicht, wie oft diese Geschichte wirklich passiert, ich weiß nur, daß sie weniger oft erzählt wird - sehr wahrscheinlich, weil sie weniger lustig ist.
Und ich weiß, daß es Ärzte gibt, die vor ernsten Gewissensfragen stehen, wenn noch nicht ausgeheilte Patienten darum bitten, wieder arbeiten zu dürfen, weil sie Angst haben, sonst ihre Stelle zu verlieren.
Die Unternehmer stellen es mit Begeisterung fest - weniger Absenzen und höhere Arbeitsleistung. Und nicht nur Unternehmer finden das richtig, sondern es gibt auch Arbeiter, die diese Geschichte hören und weitererzählen.
Nun tut man plötzlich so, als ob der Schweizer Arbeiter der faulste, der unzuverlässigste, unbrauchbarste und versoffenste aller Arbeiter gewesen wäre.
Nur weil er heute mit Fieber arbeiten geht, wirft man ihm vor, daß er früher den Rat des Arztes befolgte, denn nun erbringt er ja den Beweis, daß er früher nicht das Letzte eingesetzt hat bei seiner Arbeit - nämlich sein Leben. Nun gehört er seiner Arbeit endlich ganz, nun weiß er endlich wieder, für was er zu leben und für was er zu sterben hat. Es gibt nun wieder einen Arbeitsmarkt, d. h. man kann wieder auf dem freien Menschenmarkt Arbeit einkaufen - und man kann die Situation mit Geschichten bagatellisieren und die Arbeiter mit Geschichten disziplinieren. Es wird

endlich wieder gezittert bei der Arbeit, sie kommt endlich wieder aus dem Verdacht, etwas mit Menschenwürde und Selbsterfüllung zu tun zu haben.

Ich kenne Ausländer, denen es vor Jahren schon sehr schwer gefallen ist, sich an den hektischen schweizerischen Arbeitsrhythmus zu gewöhnen, und die davon sprachen, daß nirgends auf der Welt so geschuftet werde wie hier. Ich glaube, das hat mitunter mit schweizerischem Temperament zu tun und nicht etwa mit der Bösartigkeit schweizerischer Unternehmer. Es sieht aber so aus, als sei ihnen dieser freiwillig fleißige Arbeiter ein Dorn im Auge gewesen. Nun soll er nachträglich dafür geprügelt werden, daß er früher freiwillig zuverlässig war.

(Nebenbei: Ist Ihnen aufgefallen, daß das Wort »Arbeiter« wieder brauchbar geworden ist? Das Ersatzwort »Arbeitnehmer« will nicht mehr so richtig funktionieren.)

Eine dritte Geschichte - auch eine, von der ich annehme, daß sie nicht häufig ist: Ich treffe in der Wirtschaft Kamerad X. aus dem Militär. Er hat - wie immer, wenn ich ihn hier treffe - etwas viel getrunken. Und er hat - wie immer, wenn er etwas viel getrunken hat - den Eindruck, daß er der einzige ist, der weiß, was die Welt kostet. Typ Provinzplayboy, geckig und nicht unfröhlich. Er sei Millionär, sagt er, und wir Arschlöcher seien das alle nicht. (Er ist es übrigens.) Und er sei Millionär, sagt er, weil er sehr intelligent sei. (Er ist - ich lege die Hand dafür ins Feuer - strohdumm, aber er hat so ein kleines Uhrenbudeli und jetzt dazu noch das Glück, daß er jenen Bestandteil herstellt, den wir noch gut exportieren können.)

Eigentlich hätte ich ihm gewünscht, daß er ganz tüchtig verprügelt worden wäre. In jener Wirtschaft sitzen viele Arbeitslose, aber die haben ihn - nachdem er gegangen war - sehr gelobt. Das sei ein ganz gescheiter Kerl, sagen sie, und der hätte ganz unten angefangen und es zu etwas gebracht.

Da wurde mir etwas klar. Es gibt gar keine Fronten zwischen Unternehmern und Arbeitern, und die Unternehmer laufen in keine Gefahr, wenn sie provozieren, denn diese Arbeiter glauben nach wie vor an die Möglichkeit, auch

Unternehmer werden zu können, und sie denken im voraus mit ihnen und erzählen ihre Geschichten weiter.
So also zum Schluß eine Geschichte, die nicht wahr ist:
Als die Gazellen von den Löwen Mitbestimmung forderten, waren die Löwen dagegen. »Es kommt noch so weit, daß die Gazellen bestimmen, wen wir fressen«, sagten die Löwen. Sie beriefen sich auf eine unverdächtige Studie des WWF und sprachen von Wildpartnerschaft bei klarer Kompetenzentrennung: Fressen auf der einen Seite, Gefressen-Werden auf der andern Seite. »Denn«, so sagten sie, »es liegt doch auf der Hand, daß einer nicht zugleich etwas vom Gefressen-Werden und vom Fressen verstehen kann. Und der Entscheid, jemanden zu fressen, muß schnell und unabhängig gefaßt werden können.«
Das leuchtete denn auch den Gazellen ein. »Eigentlich haben sie recht«, sagte eine Gazelle, »denn schließlich fressen wir ja auch.« - »Aber nur Gras«, sagte eine andere Gazelle. »Ja, schon«, sagte die erste, »aber nur weil wir Gazellen sind. Wenn wir Löwen wären, würden wir auch Gazellen fressen.«
- »Richtig«, sagten die Löwen.
Aber als Gleichnis für irgend etwas ist diese Geschichte unbrauchbar. Nicht etwa nur, weil Tiere nicht reden können, sondern vor allem, weil Gazellen und Löwen ganz verschiedene Tiere sind und keine Gazelle je die Chance haben wird, ein Löwe zu werden.

Bettina Blumenberg: Gespräch

(1980 v)
Ich freue mich, daß Sie gekommen sind. Möchten Sie nicht ablegen? Es ist allerdings nicht besonders warm hier. Aber ich sitze gern in kühlen Räumen, da fühle ich besser, was mich erwärmt. Und wenn die Sonne hereinscheint, ist es sehr wohlig. Leider regnet es ja schon wieder. Ob das noch einmal anders wird in diesem Sommer? Im Grunde ist Regenwetter doch viel angenehmer, man wird nicht so abgelenkt von der Arbeit. Und die Regentropfen an den

Fensterscheiben verunklären ein bißchen den häßlichen Ausblick. Es ist nicht gerade die schönste Gegend, in der ich wohne. Aber es liegt sehr zentral. Die Innenstadt fängt hier schon an, und der Wochenmarkt liegt gleich um die Ecke. Ich gehe gern auf den Markt, da gibt es nur gesunde Sachen. Zum Einkaufen fahre ich immer mit dem Fahrrad. Das ist wenigstens etwas sportliche Ertüchtigung und tut den Lungen gut. Sie können gern rauchen. Ich hole Ihnen einen Aschenbecher. Ich rauche nämlich nicht. Schon lange nicht mehr. Es war nicht leicht, damit aufzuhören. Manchmal richtig anstrengend. Jetzt fühle ich mich gut. Es atmet sich leichter. Die Luftverschmutzung ist ohnehin besonders stark in dieser Gegend. Und die Flüsse sind auch völlig vergiftet. Man kann froh sein, daß sie überhaupt noch fließen. Möchten Sie etwas trinken? Sie müssen schon gehen? Schade. Es war schön, daß Sie gekommen sind.

Bettina Blumenberg: Lau

(1981 v)

Die Fassade des Fachwerkhauses hat man erhalten. Die Innenräume sind unverändert. Von keinem Splitter des Erbhofes hatte man sich trennen wollen. Auf dem Querbalken über dem Haustor ist die Inschrift sorgfältig nachgemalt. Grell nun und zu bunt steht da: Westphaelischer Friede. Um ein Uhr sitzen sie alle um den alten Eichentisch versammelt. Zur Mittagsmahlzeit, pünktlich wie eh und je. Das Essen ist kalt, sagt der Bauer. Seit zwanzig Jahren guck ich mir das schon an, das lauwarme Gebräu, das spackig unter dem Gaumen klebt. Seit zwanzig Jahren fragst du mich täglich, ob es mir schmeckt. Seit zwanzig Jahren nicke ich, während der Hunger es mir reintreibt. Springt auf, wirft die Gabel wie einen flachen Flitschstein über den Tisch, daß sie die Gläser umsäbelt. Stampft mit dem Fuß auf, dem stiefelbeschwerten. Den geballten Trotz pflanzt er in den Absatz, der in den Dielenboden donnert, schmettert den Stuhl dazu, daß das Mobiliar erzittert und die Familie auf ihren Stühlen. In der Vitrine klirren die Gläser, zerscherbeln die kunstvoll aufgebauten Kristalltürme. Die geblümten Sammeltassen schlagen gegeneinander, stürzen zu Splittern. Die Frau schreit trotz der erschrockenen Starre. Fällt der schwere Ehrenteller für die pfründigste Mastkuh von der Wand, auf die Vitrine, die kippt. Gegen das Hanskind, den Nachkömmling, der den Zappelphilipp nicht mehr kennengelernt hat, der rettend nach dem Tischtuch greift. Zerrt die Decke an sich mit allen Terrinen, daß sich Suppen und Soßen und die große Ketchupflasche, ohne die Anne keine Mahlzeit beginnt, auf den Boden ergießen. Auf das beste Stück im Haus, den Perserteppich. Auf wieviele Speckseiten hat die Sippschaft dafür verzichtet. Und nun soll alles umsonst gewesen sein. Nur darum, weil heute wie immer das Essen so lau war. Als sei die Gewöhnung nicht das Sicherste im Leben.

Gisela Elsner: Die Mietserhöhung

(1973 v)

Oben, das heißt im dritten Stockwerk, waren nur noch zwei Kisten voller Hausrat, die der Ziska mit dem Dietz zum Möbelwagen schaffen mußte. Die Nachbarn, Frauen zumeist oder Rentner wie die Leibolds, sahen beim Hinausschleppen der Habe zu. Seit zwei Stunden ließen sie alles stehen und liegen und sahen zu. Und die Kinder aus dem Haus und aus den Nebenhäusern, die noch nicht schulpflichtig waren, kletterten ineinemfort in den Fond des Möbelwagens und mußten ineinemfort vom Ziska oder vom Dietz hinausgetrieben werden.

Die beiden Leibolds waren auf eine Weise mit ihrem Unglück beschäftigt, daß sie vergessen hatten, ein paar Flaschen Bier zu kaufen oder dem Ziska oder dem Dietz, die mittlerweile schwitzten wie die Schweine, das Geld dafür zu geben. Nur eines hatten die Leibolds trotz ihres Unglücks keineswegs vergessen: nämlich aufzupassen, daß nichts gestohlen wurde. Wie fast alle, denen der Ziska mit dem Dietz die Möbel und den Hausrat treppabwärts und ein Stadtviertel oder zwei Stadtviertel oder nur drei Straßenzüge weiter wiederum treppaufwärts schleppte, verdächtigten sie hauptsächlich ihn, daß er nur darauf aus wäre, einen Föhn zum Beispiel oder ein versilbertes Teesieb oder einen dieser mit Patina, mit falscher Patina, überzogenen Brieföffner einzustecken. Anfangs hatte der Ziska nicht einmal geahnt, warum sich diese Leute ihm gegenüber so komisch wie zuvor keiner in seinem Leben verhielten.

Die denken, daß du was einsteckst, hatte der Dietz schließlich zögernd gesagt.

Den Dreck soll ich einstecken wollen, hatte der Ziska gesagt.

Für die ist das eben kein Dreck, hatte der Dietz gesagt.

Der Job, der ohnehin nicht der Job des Jahrhunderts war, denn sie kamen keineswegs in der Welt herum, wie es der Dietz, der noch immer von Paris, Rom und Stockholm redete, behauptet hatte, sie kamen manchmal, wie gesagt, nur drei Straßenzüge weiter, schien, das hatte auch der Ziska längst begriffen, irgend etwas Anrüchiges an sich zu haben. Immer, wenn er frühmorgens auftauchte mit dem Auftragsschein in der Hand, schauten ihn Paare, ja sogar ganze Familien an, als wäre ausgerechnet er der Hauptschuldige für den Umtrieb, der da jeweils veranstaltet wurde.

Paß auf den großen Schwarzen auf, hatte er auch die Leibold dem Leibold zuzischeln hören, der andere ist harmlos.

Hab ich mir auch gedacht, hatte der Leibold zurückgezischelt.

Jetzt sah der Ziska, wie sich der Kopf der Leibold zum Fenster hinausbeugte. Ihre Hände vollführten antreibende Bewegungen in seine Richtung. Rufen wollte sie wohl nicht, vielleicht weil sie fürchtete, sie würde wieder schluchzen müssen. Die Leibolds legten, obwohl sie sozusagen auf Nimmerwiedersehen aus der Gegend verschwanden, größten Wert darauf, vor den anderen Hausbewohnern, die die Mietserhöhung, die offenbar unvermutete Mietserhöhung, verkraften konnten, das Gesicht zu wahren. Sie legten größten Wert darauf, die anderen, die dies ohnehin nicht glaubten, glauben zu machen, daß sie sich verbesserten wie

jedermann. Die meisten Auftraggeber dieses billigen Möbeltransports, der sich nach dem Namen des Unternehmers: Millizer nannte, verbesserten sich übrigens zur Verwunderung des Ziska tatsächlich.
Augenblick, sagte er, während unten der Leibold, der oben ebenfalls geflennt hatte, nicht sehr heftig, aber so heftig immerhin geflennt hatte, daß er sich mit dem rosafarbenen Waschlappen, in den sich seine Frau sogar schnäuzte, ab und zu übers Gesicht hatte wischen müssen, mit einem verzerrten Lächeln, mit dem Lächeln derer, die sich zu verbessern pflegen, einem Lächeln, das seine viel zu regelmäßigen, viel zu weißen Zähne zeigte, auftauchte.
Wir müssen langsam, zischelte er und dann warf er, als wollte er sich vergewissern, daß in der Zwischenzeit nichts abhanden gekommen war, einen Blick, der zu kurz war, um sein befriedigtes Nicken auch nur annähernd zu rechtfertigen, in den Möbelwagen, ehe er wieder schnaufend wie einer, der irgend etwas am Herzen oder an der Lunge hat, vor dem Dietz und vor dem Ziska drei Stockwerke hochstieg.
Fünfzehn Jahre, sagte die Leibold, die gerade dabei war, den Auslegeteppich, der an den Rändern die Abdrücke schwerer Möbelstücke aufwies und in der Mitte dermaßen durchgetreten war, daß man nunmehr die Rückseite sehen konnte, herauszureißen, nur damit ihre Nachfolger in keiner Weise davon profitierten.
Fünfzehn Jahre, wiederholte sie, noch immer auf Händen und Knien, und dann sah sie in die Richtung des Dietz, von dem sie ganz offensichtlich bedauert werden wollte. Aber der Dietz, der auf dererlei Frauen aus unerfindlichen Gründen einen vertrauenserweckenderen Eindruck machte als der Ziska, war derzeit selbst zum Bedauern zu abgekämpft. Und der Ziska, der der Leibold miteinemmale für ein Trostwort auch gut genug erschien, verspürte nicht die geringste Lust, diese ehemalige Beamtenfrau, die der Leibold so nachdrücklich, daß man zurecht annehmen durfte, sie habe es ihm förmlich eingebleut, seine Gattin nannte, zu bemitleiden. Er war einfach nicht fähig, es komisch zu finden, daß ihn solche Leute für einen Langfinger hielten.

Vorsichtig, vorsichtig, hörte er den Leibold, der mit dem Geldausgeben die Zähne betreffend recht geizig gewesen sein mußte, während er die vorletzte Kiste und der Dietz hinter ihm die letzte Kiste hinuntertrugen, halbwegs zischeln und halbwegs rufen, ehe er ihnen, wie immer während dieser zwei Stunden, als könnte er so vermeiden, daß sie irgendwo aneckten oder irgend etwas fallen ließen, folgte, auf Zehenspitzen offenbar, denn weder der Ziska noch der Dietz hörten seine Schritte. Nur sein Gezischel: vorsichtig, vorsichtig, und sein Keuchen hörten sie, sobald sie, ebenfalls keuchend, eine Rastpause einlegten.
Die keuchen bloß, um mehr Trinkgeld zu bekommen, hatte die Leibold dem Leibold zugezischelt.
Hab ich mir auch gedacht, hatte der Leibold zurückgezischelt.
Als der Ziska mit dem Dietz zum letzten Male die Wohnung, eine Altbauwohnung übrigens, betrat, befand sich darin außer den Mänteln, der Aktenmappe des Leibold und der Handtasche der Leibold sowie den wirklich unverwendbaren Abfällen nur noch der rosafarbene, verrotzte Waschlappen. Nicht gewillt, ihren Nachfolgern irgend etwas zu hinterlassen, griffen sie beide gleichzeitig danach.
Selbst die Glühbirnen hatten sie aus den Fassungen geschraubt und sorgfältig in jenen Kisten verwahrt, in denen der Ziska, bevor er sie zunagelte, alte Zeitschriften und Bindfäden, ja sogar zerrissene Schnürsenkel gesehen hatte.
Fertig, sagte der Dietz.
Ich kann's einfach nicht fassen, sagte die Leibold.
Sie stand wie eingerahmt an jener Stelle der Wand, an der sich, und dies war selbst jetzt noch deutlich erkennbar, eine Vitrine befunden hatte. Anhand der dunklen und der hellen, zumeist rechteckigen, ausgeschnitten wirkenden Tapetenstellen hätte sich diese Wohnung tatsächlich ohne weiteres genauso einrichten lassen.
Hier, sagte der Leibold, und er streckte ihr nochmals den Waschlappen hin, den er, wohl ohne sich dessen bewußt zu sein, seit einer Weile schon am Anhänger hin und her schwenkte.

Während sich die Leibold, die schon einen Hut trug, einen Topfhut übrigens, aber noch keinen Mantel, die Brille abermals abnahm, um ihre jetzt sehr verschwollenen Lider zu kühlen, tauchte eines der Kinder, die der Ziska und der Dietz ineinemfort aus dem Fond des Möbelwagens hatten treiben müssen, mit seiner allerdings nur dem Anschein nach hinterherlaufenden Mutter im Korridor auf. Sie mühte sich, nachdem sich das Kind einmal in der Wohnung befand, keineswegs übermäßig, diesen Anschein, es sei ganz allein hier hineingelaufen, aufrechtzuerhalten. Das darfst du doch nicht, sagte sie lediglich und dann sah sie sich die Leibold und den Leibold auf eine recht genüßliche Weise genau an.

Kein Wunder, wenn die Haustür offen ist, sagte die Leibold.

Sie lächelte. Und der Leibold tätschelte lächelnd diesem Kind den Kopf. Selbst den Waschlappen hatte er, eine Tatsache, die allein der feuchte Flecken rings um den Schlitz seiner Manteltasche verriet, im letzten Augenblick versteckt.

Haben Sie etwa geweint, fragte die Frau.

Aber nein doch, sagte die Leibold.

Wär' auch komisch, wo Sie sich verbessern, sagte die Frau.

Der Leibold brachte es sogar zustande, kurz und hüstelnd aufzulachen.

Muß was an der Lunge haben, sagte sich der Ziska. Er gab dem Dietz ein Zeichen, daß es Zeit sei aufzubrechen. Sie hatten sich vorgenommen, unterwegs noch ein Bier zu trinken. Denn daß sie unterwegs ein Bier trinken konnten, das war der einzige Vorteil dieses Jobs.

Vor dem Möbelwagen, dessen Fond jetzt geschlossen war, standen ein paar weitere Frauen, die sich den Abgang der Leibolds aus nächster Nähe nicht entgehen lassen wollten. Die Leibolds oben schienen ziemlich viel damit zu tun zu haben, ihre Fassung wiederzugewinnen. Weder sie noch er schaute dem Möbelwagen nach, als er abfuhr.

Der Ziska sah sich den Dietz, so wie er es häufig tat neuerdings, das heißt seitdem man ihn verdächtigte, von der Seite an. Noch immer hätte er nicht zu sagen gewußt, wieso der Dietz einen vertrauenerweckenderen Eindruck machte als er, der sogenannte große Schwarze, auf den man aufpassen mußte.

Dabei hab ich keine schwarzen Haare, sagte er.

Was soll das heißen, fragte der Dietz, der diesmal fuhr.

Daß ich keine schwarzen Haare habe, sagte er.

Vielleicht meinen die mich, sagte der Dietz.

Dich werden die meinen, sagte der Ziska.

Er bedauerte es längst, sich auf das Ganze eingelassen zu haben. Nicht nur wegen der Verdächtigungen, es war auch die Art und Weise, in der man ihnen, das heißt dem Dietz meistens, der mit seinem Siegelring am Finger und mit seinen auswendig gelernten, geleckten Redewendungen wie ein Angestellter wirken konnte, Trinkgelder aushändigte, die er als beleidigend gönnerhaft empfand. Während es Aufgabe des Dietz war, sich zu bedanken, kam dem Ziska die Aufgabe zu, sich in Fällen, da das Trinkgeld zu niedrig war, zu beschweren.

Wir können's auch umgekehrt halten, hatte der Dietz gesagt.

Aber der Ziska, der den Dietz nun auf ein Lokal, das das Lido hieß, hinwies, zog eine Beschwerde einer Danksagung für etwas, das ihm ohnehin zustand, vor.

Das Lido zählte zu jener Art von Lokalen, in denen sie auch im Overall nicht abgewimmelt wurden. Die vom Regen größtenteils abgewaschene Abbildung einer nackten üppigen Blondine zwischen zwei Palmen, die die Beine über dem Eingang spreizte, sollte wohl dazu dienen, die Besucher des sich unweit befindenden Puffs vor oder nach dem Puffbesuch anzulocken. Zu dieser Tageszeit war das Lokal leer. Der Wirt, der hinten auf einer Bank schlief, mußte vom Ziska geweckt werden.

Was ist denn jetzt schon wieder, brabbelte er.

Nur zwei Große, sagte der Ziska.

Er streckte auch gleich das Geld zum Zahlen hin. Und der Dietz verbeugte sich fast ein wenig zu formvollendet. Denn der Wirt warf ihm, ehe er sich wieder niederlegte, noch einen mißtrauischen Blick zu.

Mir steht's bis hier, kann ich dir sagen, sagte der Ziska.

Dir steht immer alles gleich bis hier, sagte der Dietz.
Sie leerten die Maßkrüge in großen Schlucken. Einmal stand der Ziska auf, um nach dem Möbelwagen zu schauen. Einmal stand der Dietz auf, um nach dem Möbelwagen zu schauen. Und jedesmal, wenn sich die Tür bewegte, hob der Wirt den Kopf, den er auf sein Jackett gebettet hatte. Was ist denn jetzt schon wieder, brabbelte er, als sie endgültig aufbrachen.
Mir steht nicht immer alles gleich bis hier, sagte der Ziska. Aber der Dietz hatte keine Lust mehr zu reden. Auch mußte er aufpassen, daß er sich nicht verfuhr. Denn obwohl die sich ans Vergnügungsviertel anschließende Siedlung, die aus sechsstöckigen Reihenhäusern bestand, in einer öden Regelmäßigkeit errichtet worden war, neigte jeder Fahrer gerade hier, wo es derart leicht zu sein schien, sich zurechtzufinden, dazu, die Haupt- und die Nebenstraßen miteinander zu verwechseln.
Hätten sie den Leibold nicht miteinemmale, die Aktenmappe noch immer in der Hand, winkend auf der Straße stehen sehen, wären sie wahrscheinlich weitergefahren. Der Leibold, der hier aller Voraussicht nach seinen Lebensabend verbringen mußte, tat jetzt jedenfalls so, als bemerke er die Köpfe hinter den Fenstern ebensowenig wie die Kinder, die nicht auf dem Spielplatz, sondern dicht neben dem Spielplatz auf der Straße spielten. Der Spielplatz bestand aus einem verrosteten Gestänge zum Klettern, einer Birke und einem Sandkasten voller Erde. Der Rasen wies weitaus mehr kahle Stellen auf als grasbewachsene. Das Ganze war mit einem ebenfalls verrosteten, übermannshohen Eisengitter umzäunt. Im Gitter hing eine braunangelaufene Bananenschale und an der Außenseite des Gitters neben einem Schild mit der Aufschrift: Fahrräder anlehnen verboten, war ein Dackel festgebunden.
Der Leibold behauptete wie alle, daß sie zu spät kämen. Und der Ziska behauptete wie immer, daß sie in eine Verkehrsstauung geraten wären.
Erst als er das sogenannte Appartement betrat, begriff er, wieso die Leibolds dermaßen geflennt hatten. Es bestand aus einem Zimmer mit einer Kochnische, die nur mithilfe

eines Vorhangs abgetrennt werden konnte, einer Duschkabine und einem Flur, falls sich der Raum, in dem gerade die Haustür, wenn sie geöffnet werden mußte, und die Person, die sie öffnete, und ein Haken für einen Mantel Platz hatten, überhaupt als Flur bezeichnen ließ.

Die Leibold, die sich die ganze Zeit über, dem Zimmer den Rücken zugekehrt, am Fenster aufhielt, murmelte ineinemfort etwas von einem schönen Ausblick. Der Ausblick bestand hauptsächlich aus Fenstern wie dem Fenster, aus dem sie schaute.

Der Dietz, der sich nur mühsam ein Lachen verkneifen konnte, verschwand genauso rasch im Treppenhaus wie der Ziska.

Gottseidank im ersten Stock, sagte der.

Was wollen die bloß mit den Möbeln, fragte der Dietz.

Nicht unsere Sache, sagte der Ziska.

Im Möbelwagen befand sich immerhin das Inventar dreier Zimmer, das heißt eines kompletten Wohnzimmers, eines kompletten Eßzimmers sowie eines kompletten Schlafzimmers. Während sie wiederum die Kisten und die Einzelteile der auseinandergenommenen Möbel hinaufschleppten, folgte ihnen der Leibold, noch immer mit der Aktenmappe in der Hand, keuchend und zwischendurch zischelnd: vorsichtig, vorsichtig.

Nur ihre Rastpausen hielten sie diesmal im Treppenhaus ab. Denn die Leibold machte einen zunehmend merkwürdiger werdenden Eindruck. Sie flennte nicht etwa, als das Zimmer, obwohl der Ziska und der Dietz wohlweislich darauf verzichteten, die Einzelteile der Schränke, Nachttischchen oder Ehebetten zusammenzusetzen, voller und voller wurde. Sie blieb vor dem Fenster stehen, sah den Kindern zu und kicherte, sobald der Dackel irgendetwas machte, das sie komisch fand, und sie fand unter anderem das Bellen dieses Dackels komisch, leise vor sich hin.

Einmal bat sie ihren Mann, die braunangelaufene Bananenschale vom Eisengitter, das den Spielplatz umzäunte, zu entfernen.

Sieht so unschön aus, sagte sie.

Und der Leibold, der ineinemfort behauptete, so klein, wie

man auf Anhieb meine, sei das Appartement nun auch wieder nicht, ließ sich unten vom Ziska die Bananenschale zeigen und steckte sie dann, ohne der Mülltonnenreihe vor der Haustür die geringste Beachtung zu schenken, vor den Augen der Zuschauerinnen in seine Manteltasche.

Einmal bat die Leibold ihren Mann, ihr mitzuteilen, was auf dem Schild stände, neben dem die Hundeleine befestigt war.

Und der Leibold, der jetzt ineinemfort behauptete, er wäre nicht auf der Welt, um sich von einem lumpigen Altwarenhändler übers Ohr hauen zu lassen, ein Zehntel des Werts, sagte er, sage und schreibe, ließ sich unten vom Ziska erst den Hund und dann das Schild zeigen.

Da behalte ich doch lieber alles, sagte er.

Oben hatte die Leibold das Fenster geöffnet. Sie murmelte etwas von guter Luft ohne Abgase. Sie hatte, als wäre sie nur auf einen Sprung hereingekommen, bisher weder den Hut noch den Mantel abgelegt. Zwischen dem Fenster und der Tür war nurmehr ein Gang frei. Aber die Leibold dachte nicht daran, die Bescherung hinter ihrem Rücken zur Kenntnis zu nehmen.

Auch der Leibold zog es, während der Ziska mit dem Dietz den Rest seiner Habe treppaufwärts schleppte, vor, sich außerhalb des Appartements zu schaffen zu machen. Er schraubte die Namensschilder seines Vorgängers, eines Erich Schwegelbauer, vor der Wohnungstür, vor der Haustür und über dem Briefkasten ab, steckte sie zur Bananenschale in die Manteltasche und schraubte dann, nachdem er die Namen der anderen Mieter, die ihm offensichtlich nichts sagten, der Reihe nach gelesen hatte, die eigenen Namensschilder über die leeren Stellen.

Lieber behalte ich alles, wiederholte er, ehe er den Kopf auffallend langsam ins Zimmer streckte und auffallend rasch wiederum zurückzog.

Seine Frau wollte den Namen des Dackels wissen.

Frag die Kinder, rief sie hinter ihm her.

Ludwig Fels: Das Haus

(1978 v)

Links oben haust ein Rentner, der außerdem noch verwitwet ist. In seiner Mansarde träumt er von einer Gartenlaube, besonders am Tag. Er war Arbeiter in einer Chemiefabrik und fürchtet sich vor Krebs am Geschlecht, weil er Zeit gehabt hat, darüber zu lesen.

In der Mitte oben lebt ein junges Pärchen in wilder Ehe. Beide jobben tagsüber. Abends holen sie die Mittlere Reife nach. Unzucht kann ihnen niemand nachsagen.

Rechts oben wohnt eine Geschiedene. Wenn das Haus Feierabend macht, wird sie in einer Bank als Raumpflegerin beschäftigt. Sie schwärmt von pflegeleichtem Marmor. Den Tresor putzt der Direktor selbst.

Links im Zwischenstock sind zwei Schlüsselkinder daheim, ein Junge und ein Mädchen, die dort nach der Schule auf ihre Eltern warten. Auf dem Hof darf nicht gespielt werden. Sie können gar nicht anders, müssen brav und artig sein. Den Haushalt erledigen sie wie eine Fleißaufgabe, aber ihre Eltern sind immer zu müde, um sie zu loben.

Nebenan liegt die Wohnung einer Frau, die bei der Liebe schreit. Jedermann hört ihr gern zu.

Rechts steht alles leer. Da hat einmal der Vermieter seine Wachstube gehabt, bevor er aufs Land gezogen ist. Höchst selten besucht er sein Stadtquartier, um durch Keller und Speicher zu streifen. Wenn er anwesend ist, dann brüllt er wie ein Feldwebel herum.

Wer bei jedem seiner Kommandos salutiert, wenigstens innerlich, das ist der Buchclub-Vertreter von rechts unten, der auf seinen Geschäftsreisen seine Gattin auf Strich und Faden betrügt. Er ist ein mittelalterlicher Knabe. Seine Frau liest für ihn die Bücher, die er vertreibt, damit er bei der Kundschaft weiß, was er überhaupt anbietet.

Mitten im Parterre liegt der Hauseingang. Dort treffen sich die Hausbewohner manchmal an den Briefkästen und grüßen sich.

Daneben steckt nochmal ein Ehepaar, das sich bis zum Gehtnichtmehrweiter zurückgezogen hat. Sie ist Sekretärin, er ein Bürobote. Gemeinsam pflegen sie moderne Part-

nerschaftsbeziehungen, haben sich der Toleranz verschworen und hegen vielseitige Interessen. Zu ihrem Bekanntenkreis zählt ein Polizist. Wenn dieser in Uniform bei ihnen erscheint, fühlen sich die beiden sofort sicher und verurteilen die Proletenregierung.
Vorm Haus ist nur Platz für die Straße.

Ludwig Fels: Bekanntschaften

(1978 v)
Meine guten alten Freunde, lebt ihr noch? Wir gerieten von heute auf morgen aus der Jugend, sind nun verlobt, verheiratet, verarmt, bereichert, ledig und fertig, einige sind bereits verunglückt, gestorben, haben alles hinter sich gebracht, wie wir manchmal behaupten, weil wir nicht wissen, was uns später oder schon im nächsten Augenblick erwartet. Unsere Reihen lichten sich: jemand wird Soldat, der andere landet im Knast, einer erlebt die Politik im Fernseher, der nächste an seinem Arbeitsplatz. Wir bilden eine verkrachte Gesellschaft.
Einer spielt den Beamten und wohnt in einem echten Arbeiterviertel, das wegen seiner Kleinstadtstraßen berüchtigt ist. Einer ist Künstler und malt seine Bilder in Wohngemeinschaften, ist der Visionär unter linken Theorieverkündern, ein anderer jobbt als Griller an einer Brutzelplatte, wo er teure Burgers verkauft, die nicht sättigen. Einer fährt Mercedes und Honda und beutet die Leutchen im Discotheken-Underground aus, verheizt sie bei progressiver Musik, stillt Durst und Hunger und läßt sich die Kasse mit Freizeitgeld füllen. Einer hat eine Freundin, in die er verliebt ist; von mir möchte ich schweigen. Einer lebt auf einem Dorf, das einen schönen Namen trägt, Seligporten heißt, ein anderer flippt auf Entziehungskuren erst richtig aus. Jeder hat sich in irgendsoein Leben eingebürgert, in haltlosen Zuständen eingerichtet und sich mit seinem Glück abgefunden.
Außer ihnen gibt es noch die Mehrheit der Grüßgottsager und Händeschüttler und Weitermüsser.

Viele halten sich Haustiere. Die meisten sind in alle Himmelsrichtungen verstreut, gegangen oder gefangen, wohnhaft in Betonsilos, Gartenlauben, Schlafsäcken und Eigenheimen. Manche arbeiten, ein paar sogar an sich; von mir wage ich nicht zu sprechen. Manchmal gelingt es mir, einen von ihnen zum Saufen zu überreden, dann erfahre ich die längst geahnten Wahrheiten und erkenne den Leidensgenossen. Wenn wir telefonieren, flüstern wir gelangweilt, damit unser Gespräch nicht zufällig nach einem Anruf klingt. Wir erzählen von Filmen, Büchern, Stücken und Platten, schneiden eine bedauernde Miene und stürzen uns in erinnerungssüchtige Schwärmereien, als wär die Vergangenheit ein Kraftquell, den wir mit Notlügen speisen.

Der Lauf der Zeit hat die Bahnen geändert. Aus den Freunden von gestern wurden die Kameraden von heute, aus den Kumpels von damals werden bis morgen fremde Bekannte. Randerscheinungen, über die man Bescheid weiß und kein bißchen mehr. Die Jugend ist einer altertümlichen Reife gewichen; bald werden wir Kinder haben oder die erste und letzte Krebsgeschwulst, weniger Haare, mehr Falten, vereinzelt noch Zähne. Natürlich bleiben wir uns im Gedächtnis: wie schwache Glühbirnen in finsteren Sälen. Die Höhenflüge haben aufgehört. Wir sind abgestürzt, haben uns in Niederungen verschanzt, passen uns den jeweiligen Umständen an, statt aufzupassen, daß sich nichts wiederholt von all dem, was wir für abgeschafft erklärten.

Aus ist aus, zwecklos, den Totengräber zu verscheuchen. Auch als Hebammen haben wir versagt. Wir haben die Risse zu Brüchen werden lassen: ein Haar, ein Speichelflokken hätte genügt, sie zu kitten. Ich habe die Beziehungen vernachlässigt, wollte mich mit Abwesenheit für Fehler und Schwächen bestrafen, wollte hoch hinaus mit meinem bißchen Grips und war doch nur ein Maulwurf, dem der Mond den Kopf absichelte.

Zuerst sah ich mich in euch als Ganzes, dann nahm ich nur noch Einzelteile von mir wahr, jetzt tut es mir weh, daß ich euch nicht ehren kann.

Ihr seid aus dieser Generation verschwunden. Wo lebt ihr hin?

Erich Fried: Der junge Baum

(1975 v)

Er wollte dem Baum nicht wehtun, aber er wollte etwas mehr Tageslicht in seinem Zimmer haben, nicht nur dieses satte aber schattige Grün. Zweige oder gar Äste abzusägen, das wäre grausam gewesen, besonders jetzt im Sommer. Mit solchen Amputationen mußte man schon bis zum Spätherbst oder Winter warten, und dann vergaß man es gewöhnlich, denn dann waren die Blätter ab, und die kahlen Zweige und Äste nahmen ohnehin kein Licht weg.

Endlich beschloß er, dem jungen Baum jeden Tag ein Blatt abzureißen. Das war nicht brutal, das würde dem Baum nicht wehtun.

Das erste Mal gelang es, aber das war Anfängerglück. Beim zweiten Mal hatte er nur das halbe Blatt in der Hand, beim dritten nur einen Zipfel, und außerdem hatte er einen grünen Fleck am Ärmel. Das war ihm zuviel. Er wollte dem Baum gewiß nicht wehtun, aber zum Narren halten lassen wollte er sich auch nicht. Also beschloß er, erst einmal zu üben, ehe er sich auf das eine Blatt pro Tag beschränkte. Etwa nach dem fünfzehnten oder zwanzigsten Blatt hatte er die Handbewegung richtig heraus. Fest anfassen, aber nicht zu fest und vor allem nicht mit den Fingernägeln das Blatt zerschneiden, sonst machte man sich grün und hatte nur das abgezwackte Blattstück zwischen den Fingern. Also fest zupacken, dann mit einem plötzlichen Ruck abreißen und zugleich eine Vierteldrehung mit der Hand vollführen. Dann klappte es immer.

Es war befriedigend, etwas so gut zu können, manchmal befriedigender als die Arbeit an dem Schreibtisch, der immer noch im grünlichen Schatten lag. Ein Blatt pro Tag war auch wirklich nicht genug.

Wenn ihm die Arbeit langweilig wurde oder wenn die Mittagspause wieder auf sich warten ließ, stand er auf, ging zur Tür hinaus, riß ein Blatt ab, manchmal auch mehrere, um nicht aus der Übung zu kommen, und kehrte dann erfrischt an den Schreibtisch zurück. Der grüne Schatten lichtete sich.

Jetzt ist schon der Strauch neben der Gartenpforte an der Reihe.

Peter Härtling: Der wiederholte Unfall oder die Fortsetzung eines Unglücks

(1975 v)

Erwin Quenzer hatte, in einer Anwandlung von Großzügigkeit, seiner Frau für den Abend versprochen, sie zum Italiener auszuführen, sobald sie die Kinder zu Bett gebracht habe, sie würden die beste Pizza essen, einen Valpolicella trinken, sie war erstaunt gewesen, so ohne jeden Anlaß und mitten in der Woche, hatte ihn geküßt, er war unsicher geworden, konnte die Einladung jedoch nicht mehr zurücknehmen, hatte die Haustür, noch immer zögernd, zugezogen, sich fragend, weshalb er auf diesen Unsinn gekommen sei, der Italiener ist zwar nicht teuer, aber zu zweit, und ist man angeregt, summiert es sich.

Er dachte auf dem Weg zum Büro schon lange nicht mehr an die Arbeit, allenfalls an den einen oder anderen Kollegen, der ihn geärgert hatte. Er würde, schmissen sie ihn nicht hinaus, nicht mehr wechseln, er hatte sich eingerichtet in einer Art von agiler Gleichgültigkeit, schrieb die Public-Relations-Texte, die seine Agentur von ihm wünschte, über Trockenrasierer und High-Fidelity-Anlagen, doch er hatte keine Angst mehr wie zu Beginn, empfand die Spannung nicht mehr, die oft nächtelang auf sein Gewissen gedrückt hatte.

Quenzer lief in das Auto hinein. Er hörte noch, ehe er mit einem Schlag gegen das Schienbein niedergerissen, weggeschleift wurde, warnende Schreie, die er nicht auf sich bezogen hatte, und die, als er im Krankenhaus wach wurde, sein Gedächtnis ausfüllten, Echos vom Echo. Den Stimmen derer, die sich in einem milden Licht über ihn beugten, gelang es eine Weile nicht, diesen Wall zu durchbrechen; die erinnerten Warnrufe hatten ihn taub werden lassen.

Er lag regungslos in Gips und Bandagen.

Die Schreie in seinem Kopf wurden allmählich leiser, wie Vogelgezwitscher. Irene besuchte ihn oft, manchmal mit den beiden Kindern. Sie strengten ihn an.
Da ihn jedes Wort schmerzte, das Reden ihm auch verboten war - am schlimmsten ist der Schädelbruch, Herr Quenzer -, schloß er, um sie abzuweisen, die Augen. Irene schien es jedoch als Zeichen der Zärtlichkeit auszulegen und blieb oft länger, als es ihr erlaubt war.
Später besuchten ihn auch Kollegen aus der Agentur, bemühten sich, ihn zu unterhalten, erzählten von neuen Werbeaktionen, und welchen Erfolg seine Texte für die neue Kaffeemaschine hätten. Er reagierte freundlich, gleichmütig, und sie hatten, wie Irene, den Eindruck, sein Zustand bessere sich rasch. Aber er puppte sich ein.
Irene schien allmählich zu merken, daß er seinen Klinikaufenthalt zu verlängern versuchte. Ihre Aufmunterungen drängten ihn noch mehr in die Reserve. Der Trott der letzten Jahre, die Karriererempeleien in der Firma, der Bau des Bungalows und die, wenngleich gedämpften Ansprüche Irenes hatten ihn müde gemacht. Er fürchtete sich, dies alles, und ohne jegliche Veränderung, von neuem beginnen zu müssen.
Doktor Wieland, der Stationsarzt, hatte offenkundig Quenzers Manöver durchschaut, er drängte gleichwohl, zu dessen Verwunderung, nicht, vielmehr untersuchte er ihn immer wieder gründlich mit professioneller Freundlichkeit, führte ihn dem Internisten vor, ließ ihn röntgen. Die gebrochenen Rippen seien im Grunde eine Bagatelle, gewiß, zu Beginn ziemlich schmerzhaft, doch jetzt werde er wahrscheinlich nichts mehr spüren, es sei denn, er bewege sich ungeschickt. Mit dem Schädelbruch hingegen sei nicht zu spaßen. Also sei es vernünftiger, man behalte ihn noch eine Woche hier, die Rekonvaleszenz beobachtend.
Er hatte überhaupt keine Lust, seine alte Tätigkeit wieder aufzunehmen.
Doktor Wieland sagte ihm, Irene dränge nun auf Entlassung. Er könne sich ohne weiteres noch ein oder zwei Wochen zu Hause erholen, die Kasse habe dagegen nichts

einzuwenden, und der Garten ersetze geradezu eine Sommerfrische. Die Ärzte bestanden auf einer »ausführlichen Abschlußuntersuchung«.

Er hätte mißtrauisch werden können, er, mit seiner Anlage zur Hypochondrie, zum Selbstmitleid; doch die Genugtuung, ohne Schmerzen, gewissermaßen als Kurgast, noch einige Tage ungestört zu bleiben, schützte ihn.

Der Aufwand an Apparaturen beeindruckte ihn ebenso wie die Aufmerksamkeit der Ärzte; der leitende Internist, ein korpulenter, etwas schweratmiger Mann, nahm sich seiner besonders an. Er hatte eine Art, Fragen zu stellen, die Quenzer verwirrte: sie hörten sich beiläufig an und waren so mühelos zu beantworten, daß er nach den Untersuchungen meist nicht mehr wußte, wovon die Rede gewesen war. Erst später, wieder zu Hause, entsann er sich einiger dieser schwebenden Fragen: Ob er denn schon seit langem heiser sei? Und dieser eigentümliche Husten? Er sei zweifellos ein starker Raucher? Ob der Reiz häufig wiederkehre? Oder ein kleiner Schmerz, nicht stark, kaum lästig?

Nach dem Unfall war er ein Patient unter anderen gewesen; jetzt, genesen und ohne Schmerz, schien er, aus unerfindlichem Grund, interessant geworden zu sein.

Der Professor wolle vor seiner Entlassung mit ihm reden.

Er saß mit Irene im Park der Klinik, sie erzählte Schulgeschichten der beiden Mädchen. Wir brauchen dich schon, Erwin, sagte sie.

Am Dienstag komme er ja nun.

Er könne sich gar nicht vorstellen, wieder im Büro zu sitzen, zu arbeiten, mit irgendwelchen Leuten zu verhandeln.

Irene redete auf ihn ein, als wolle sie seine Gedanken wegschwätzen: Du wirst doch; du brauchst nicht; wenn wir vier; aber wir werden schon aufpassen; wenn ich es mir so überlege; die Kinder haben sich vorgenommen; ich bitte dich, Erwin.

Doktor Wieland begleitete ihn zu dem Professor. Er hatte den kleinen Koffer schon gepackt, den Kaffee an die Schwestern verteilt, und das Krankenblatt hing nicht mehr am Bett; die Oberschwester bat ihn, das Zimmer »nicht mehr zu gebrauchen«.

Der Husten. Wie das mit dem Husten sei?

Mein Lieber, also mit Rauchen ist nichts mehr.

Er fragte, ob es sich um eine Unfallfolge handle.

Ach wo, er müsse das ganze nicht allzu schwer nehmen.

Ganz zufällig sind wir darauf gestoßen, sagte Doktor Wieland.

Der Professor bestätigte ihn.

Nur der Husten. Sie erklären nichts, reden, überhören seine Fragen. Sie trösten ihn wegen eines Leidens, das offenbar vorhanden ist, aber auch wieder nicht, das in Andeutungen aufgeht, sich in vagen Wortketten auflöst.

Eine Nachkur sei notwendig.

Er fühle keine Beschwerden mehr. Ich möchte mit meiner Arbeit beginnen, sagt er nachdrücklich und wundert sich, denn noch vor einer halben Stunde hätte er das Gegenteil gewünscht.

Und Bestrahlungen seien notwendig, fügt der Professor hinzu.

Ja, sagt Doktor Wieland.

Aber wieso, diese paar Brüche?

Darum gehe es längst nicht mehr.

Nicht schwierig, ein wenig anstrengend, erklärt der Professor, Kobalt, aber nicht weiter schlimm. Ach, Sie wissen das ja, man liest da allerhand.

Er antwortet nicht mehr, und er merkt nicht, daß die beiden Ärzte ebenfalls schweigen. Ein paar Wörter wurden in seinem Gedächtnis immer lauter. Husten. Nachkur. Bestrahlung. Kobalt.

Der Professor fragte mehrfach: Nun? Nun?

Quenzer sagte: Also Krebs.

Und löste wiederum einen sinnlosen Redeschwall aus.

Der Professor machte Anstalten, sich zu verabschieden, doch Quenzer, durch die Einsicht wieder krank geworden, Opfer eines zweiten, weitaus gefährlicheren Unfalls, bestand auf dem Wort, ließ Umschreibungen nicht mehr zu.

Die Bestrahlungen sind, belehrte Wieland, in nicht wenigen Fällen erfolgreich gewesen.

Krebs? fragte Quenzer.

Der Professor murmelte einige lateinische Wörter, ging zu dem Aktenschrank und begann in einer Akte zu blättern. Wo? fragte Quenzer. An der Lunge, in den Bronchien, im Hals?
Am Kehlkopf, korrigierte Wieland sehr leise.
Das war die Auskunft, auf die er gewartet hatte. Von nun an hörte er nicht mehr zu, war auch nicht imstande, Gedanken zu fassen, wußte freilich – also war es doch ein Moment der Erleuchtung –, daß er nichts mehr so annehmen könne, wie es gewesen war.
Sie überreichten ihm, mehr befangen als er – es sei ungewöhnlich, daß ein Patient die behandelnden Ärzte derart zu einer Information erpresse – einen Packen Papier, Überweisungen an den Kurarzt, den Hausarzt, Terminlisten für die folgenden Bestrahlungen.
Ich wünsche, daß Sie meiner Frau nichts sagen. Er überraschte sie mit seiner Bitte.
Das sei ungewöhnlich.
Er sehe nicht ein, daß seine Familie schon jetzt – die Bestrahlungen könnten doch erfolgreich sein – beunruhigt werde; außerdem müsse er in dieser ungewöhnlichen Situation erst einmal mit sich selbst ins Reine kommen.
Die Ärzte versprachen ihm, zumindest für einige Zeit, seine Frau aus dem Spiel zu lassen.
Er wiederholte im Wagen, neben Irene sitzend, mehrfach den Satz: »Aus dem Spiel lassen.«
Er sei, weil er so lange allein gelegen habe, ein wenig wunderlich geworden, sagte sie.
Nein, er wundere sich nur, wie gedankenlos und frivol Sprache manchmal sein könne.
Die beiden Mädchen hatten gewartet, liefen ihm durch den Vorgarten entgegen, umarmten ihn und ihm kamen, gegen seinen Vorsatz, alles auf Distanz zu halten, die Tränen. Er habe ihnen nichts mitgebracht; aber er sei ja auch nicht von einer Reise zurückgekommen.
Am späten Nachmittag machten sie einen Spaziergang durch die Siedlung, er begrüßte Bekannte, bestätigte jedes Mal, daß es ihm ausgezeichnet gehe, und es wurde ihm gesagt, er sehe ordentlich erholt aus. Die Mädchen gingen

ihm nicht von den Händen; Irene sah ihn manchmal von der Seite an; er spürte ihre Unsicherheit.

Auf der Terrasse, am Abend, beriet er mit Irene den Ablauf der kommenden Wochen; sie müsse sich, des Geldes wegen, nicht beunruhigen; die Versicherung werde die Lasten tragen, außerdem habe sich die Agentur bislang kulant gezeigt.

Er sagte: Ich werde das regeln. Er sagte es gewissermaßen abschließend. Im Büro merkte er, daß man sich mit seiner Abwesenheit abgefunden hatte; sie behandelten ihn als Gast, und ihre unkonzentrierte Freundlichkeit ärgerte ihn. Er ging, nachdem er in der Buchhaltung die ärztlichen Papiere abgegeben hatte.

Die Entfernung zwischen ihm und dem, was er gewesen war, nahm mit einer ihn erschreckenden Geschwindigkeit zu. Er redete sich ein, es seien die psychischen Erscheinungen seiner Krankheit, nicht aber die Auswüchse einer Gleichgültigkeit, die ihm ohnehin eignete.

Manches sah er anders als zuvor: zum Beispiel den Zierahorn, den er vor einigen Jahren gepflanzt hatte, dessen Blattwerk sich ausbreitete und seltsam fasrige Schatten warf; oder daß er, auf dem Steingeviert vor dem Schlafzimmer liegend, Wolken beobachtete und sich erinnerte, als Junge Wolkengeschichten erfunden zu haben, endlose kindische Metamorphosen; oder einige Gesten Irenes, an die er sich gewöhnt hatte und die ihm nun wieder aufreizend, sogar unangenehm vorkamen.

Fortwährend kontrollierte er seinen Husten, hielt ihn mitunter zurück, kämpfte gegen den Reiz an, schluckte und würgte, versuchte, Schmerz auszumachen, horchte auf die eigene Stimme – so redete er manchmal ohne Sinn –, ob sie heiserer werde, ihre Kraft abnehme. Er hatte wieder zu rauchen begonnen.

Es rührte ihn, wenn die Mädchen ihn mit Zärtlichkeit aus seiner Strenge zu lösen versuchten, er streichelte sie, versprach ihnen dieses und jenes, ging mit ihnen Eis essen und empfand eine Zuneigung, die ihn derart schmerzte, daß er sich, noch vor der Abreise in das Sanatorium, auch von den Kindern zurückzog. Sie legten sich das als Folgen des

Unfalls aus. Er werde sich mit der Zeit wandeln, wieder »der Alte« werden.
Irene brachte ihn zur Bahn, beschwerte sich, als er sich aus dem Fenster beugte und sie anlächelte, über sein katastrophales Desinteresse. Eigentlich bin ich froh, daß du zur Kur fährst.
Mit einem Kleinbus wurden er und zwei weitere Männer, die allerdings um einiges älter und kränklicher wirkten als er, von der Station abgeholt. Der Fahrer wies ihnen stumm die Plätze zu, stapelte wortlos die Koffer. Zu einer Unterhaltung kam es auch während der Fahrt durch die Wälder und menschenleeren Wiesen der Hochebene nicht.
Mehrfach mußte er husten; die beiden Mitreisenden schauten ihn flüchtig an; er nahm an, sie würden über seine Krankheit nachdenken. Es war ihnen nicht anzusehen, wo es in ihnen wucherte.
Das Sanatorium war wie eine Kaserne geführt, auf Disziplin und Anpassung wurde Wert gelegt; der Chefarzt war der Meinung, gäbe es nicht ein hartes Reglement, geriete, bei den unterdrückten Wünschen von dreihundert männlichen und weiblichen Todeskandidaten, alles aus den Fugen. Das Männerhaus war von dem der Frauen ohnedies geschieden, treffen durfte man sich nur zwischen vier und fünf nachmittags, falls man nicht mit Massagen, Bädern oder ähnlichem beschäftigt war.
Quenzer schickte sich. Er hatte ein Einzelzimmer zur Verfügung, wagte nicht zu fragen, weshalb gerade er so bevorzugt worden sei. Die Schwestern waren freundlich neutral, hielten sich an die Sanatoriums-Ordnung. Allmählich jedoch, nach einer Woche betäubender Müdigkeit, begann er sich zu widersetzen.
Irene schilderte er in ausführlichen Briefen die Details der Tagesläufe, und er begriff während der Niederschrift, wie systematisch der Patient auf seine Krankheit zurückgedrängt wurde; ein Leben ohne die Verpflichtung, wieder ein gesundes und tätiges Mitglied der Gesellschaft zu werden, war nicht erlaubt. Alle jene, die sich ergeben ihrer Krankheit widmeten, fanden in der Ordnung einen Sinn.
Er hatte auf einem Spaziergang mit einer jüngeren Frau ein

Gespräch begonnen, einer zarten Person mit dem Schmelz des Gebrechens, und sie hatten, was zum Patientenritual gehörte, sich gegenseitig über ihre Krankheit informiert. Bei ihr handle es sich, wie sie sagte, um eine bislang kaum erforschte, doch wohl gutartige Verknorpelung an der Wirbelsäule. Sie verwendete, wie viele andere, die Bezeichnung »gutartig« als eine Verheißung. Ihre naiv aufgerissenen, durch dunkel-schimmernde Lidschatten wirkungsvoll gerahmten Augen entzückten ihn: Mädchenblicke, die er vergessen hatte, die er als Märchenbotschaften nur noch aus den Illustrierten kannte. Sie heiße Hilde Kaden und arbeite als Technische Assistentin in einem chemischen Labor, das letzte Vierteljahr allerdings habe sie in Kliniken verbracht und müsse sich nun hier auskurieren.

Auf eine Liebesgeschichte war er nicht vorbereitet. Zwar hatte er in den letzten Jahren ab und zu von Passionen geträumt, wilden, jeglichen Rahmen sprengenden Lieben, hatte mit Kolleginnen geflirtet, doch im Grunde wäre er nie bereit und auch nicht stark genug gewesen, Irene, die Kinder und das Haus aufzugeben. Er hatte nichts aufs Spiel setzen wollen. Und die Krankheit hatte solche Phantasien ausgeschlossen.

Hilde überrumpelte ihn. Er wußte, es würde keine Vorgeschichte geben, keine zärtliche Einübung. Und sie war anders als Irene; sie attackierte, gab ihre Lust zu erkennen, ließ sich nicht nur demütig mitspielen.

Er wünschte sich, diese Wendung hätte es vor zwanzig Jahren gegeben. Im Sanatorium begann man zu tuscheln, und als Quenzer einige Male nicht, wie angeordnet, zum Mittagessen erschien, sich sogar aufs Zimmer servieren ließ, ohne Erlaubnis mit ihr ins Kino fuhr, war abzusehen, daß der Chefarzt ihn bestellen und so gewunden wie entschieden Vorschriften machen würde.

Er mußte Hilde nicht überreden, gemeinsam auszubrechen, die Festung verordneter Genesung zu verlassen, ohne entlassen zu sein. Für sie würde es ein Abenteuer sein, eine Unterbrechung der Siechenmonotonie, für ihn eine erste und letzte Flucht, zumindest der Versuch, wieder zu empfinden, Leben zusammenfassen zu können.

Sie packten, ohne ihr Vorhaben zu tarnen. Hilde, die weniger behelligt worden war als Quenzer, fuhr mit ihrem Auto, das sie bereits zwei Tage vorher aus der Garage geholt hatte, vor die Pforte des Männerhauses, hupte zweimal, frech jede Aufmerksamkeit auf sich ziehend – es liefen auch sofort spazierende Rekonvaleszenten zusammen –, Quenzer verließ, zwei schwere Koffer schleppend, unter Applaus und Kopfschütteln einiger Männer sein Zimmer und wurde, was ihn nicht überraschte, im Entree von dem Chefarzt abgefangen, der vor Erregung nicht imstande war, zusammenhängend zu sprechen. Was da geschehe? Was er vorhabe? Er sei kein Lausejunge mehr. Erwachsen. Familienvater.

Ich habe es mir reiflich überlegt, erwiderte Quenzer. Er solle ihn vorbeilassen, die Koffer seien schwer.

Haben Sie an Ihre Frau gedacht, Herr Quenzer?

Ich habe an alles gedacht, Herr Doktor. Ich danke Ihnen für die Pflege.

Quenzer schob den Mann mit einem der Koffer einfach zur Seite, eilte zum Wagen, schob das Gepäck mühsam in den Kofferraum, setzte sich neben Hilde, die es nicht unterlassen konnte, ein weiteres Mal zu hupen; er herrschte sie an, fahr schon, ich bitte dich, fahr los.

Sie nahmen in einer Pension in Mannheim zwei Zimmer. Erst nach zwei Wochen teilte er Irene die Adresse mit. Sie schrieb ihm, der Arzt habe sie unterrichtet, sie könne ihn nicht verstehen, auch nicht, weshalb er »die Krankheit« verschwiegen habe. Er habe sich in eine Lage manövriert, die für alle unerträglich sei. Aber sie wolle ihm keine Vorwürfe machen und auf ihn warten.

Irenes Ruhe irritierte ihn. Es wäre ihm lieber gewesen, sie hätte hysterisch reagiert.

Hilde sagte er nichts von diesem Brief. Sie lebten, spielend vor einer unausgesprochenen Angst, in den Tag, gingen spazieren, sahen sich Filme an, saßen in Cafés, liebten sich, bestätigten sich unausgesetzt ihre Liebe. Quenzer ließ sich in kleinen Mengen Geld überweisen, sparsam, und jedes Mal dachte er an Irene, die Kinder, ob es ihnen auch ausreiche.

Hildes Rückenschmerzen nahmen zu. Es kam vor, daß sie nächtelang wach lag. Erst redete er auf sie ein, doch sie verhöhnte seine Zärtlichkeit und puppte sich ein. So verengte sich der Raum, den sie für eine neu gewonnene Freiheit gehalten hatten, immer mehr. Nur ließen sie, obwohl sie es sich im Streit androhten, nicht voneinander ab.
Er kontrollierte seinen Zustand nicht. Die würgenden Hustenanfälle häuften sich, und aus dem Reiz im Hals war ein konstanter Schmerz geworden. Manchmal bereitete ihm das Sprechen Mühe.
Sie fuhren, um sich abzulenken, in den Schwarzwald und ins Elsaß, unterhielten sich mit fremden Leuten, aßen und tranken gut, lauter Henkersmahlzeiten, wie er sagte, aber das Gefühl, das sie zueinandergetrieben hatte, redeten sie sich jetzt ein.
Er drängte sie, einen Arzt aufzusuchen.
Irene schrieb ihm, er solle nicht aus Trotz oder Stolz fortbleiben. Sie werde ihm nichts vorwerfen.
Hilde verschwand, ohne sich zu verabschieden. Er war in der Stadt gewesen, hatte einige Besorgungen gemacht und bemerkt, daß ihr Wagen nicht, wie sonst immer, vor der Pension stand. Er wußte, daß sie fort sei, und war nicht verletzt, packte vielmehr eilig seine Sachen, schlug nach, wann ein geeigneter Zug fahre, beglich die Rechnung und verließ die Pension ohne Erinnerung an eine Flucht, mit der er den Rest seines Lebens hatte retten wollen.
Irene hatte ihn nicht erwartet, aber sie zeigte sich nicht überrascht. Die Kinder dämpften ihre Freude, was ihn betrübte. Sie gingen schonend mit ihm um, vermieden es, laut zu sein, behandelten ihn wie einen heiklen Gast. Er ging regelmäßig zu den Bestrahlungen. Die Ärzte hatten ihm deutlich erklärt, daß zwei Monate ohne alle Behandlung schlecht wettzumachen seien. Er meinte, sein Schlund wachse allmählich zu.
Abends sperrte er sich in seinem Zimmer ein, studierte, immer von neuem, die Versicherungspolicen, rechnete, nicht ohne Zufriedenheit, was Irene und den Kindern bleiben würde.
Die Unterhaltungen, die er und Irene führten, wurden kür-

zer, lakonischer. Er verlor alle Empfindung, und wenn er Bücher anlas, fragte er sich, ob er dieses oder jenes Gefühl je gekannt habe. Daß man so leben könne, wunderte ihn. Er entschloß sich, es zu beenden. Es würde sich, hoffte er, der Unfall, mit dem alles Unglück begann, wiederholen lassen.

Er stand am Randstein, neben anderen Leuten, und sah den Omnibus in rascher Fahrt kommen. Mit einem Satz sprang er ihm entgegen, wurde hingeworfen, mitgerissen und blieb liegen. Er sei auf der Stelle tot gewesen.

Peter Handke: [26. März / 27. März]

(1977 v)

26. März

Sie schlugen die Decke, auf der ich lag, über mich

Im Krankenwagen gegen die Fahrtrichtung *liegen,* in einer Stauung auf der Autobahn, und die Sonne schien sehr heiß, und ich hatte gar nicht das Bedürfnis zu liegen; sie zwangen mich dazu

Im Krankenhaus: als ich die Ärztin fragte, ob ich vielleicht morgen schon hinauskönnte, antwortete sie: »Das ist nicht ausgeschlossen!«

Schon rede ich wieder mit mir selber, wenn auch nur innerlich: gutes Zeichen?

Alle hier erzählen der Ärztin ihre Geschichte, und sie wird sagen, daß sie das Leben in allen Erscheinungen kennt, und doch hat man das Gefühl, sie kennt es nur in der einzigen kleinen Erscheinung, die sie, die Ärztin, haben kann

Beim Lesen von ›Unterm Rad‹: schreibend der Jugend die Würde geben, die ihr im Leben verweigert wurde

Der einzige Augenblick der Stille, des Schweigens während des Krankenbesuchs, der dem Bettnachbarn gilt, tritt ein, als die Gattin zum Abschied den kranken Mann auf beide Wangen küßt – besser gesagt, einen Moment danach

27. März

Die Kraft der Zärtlichkeit, die plötzlich den Widerstand auflöste, aus dem mein Ich bestand

Die Ärztin fragte den alten Kranken (drei Herzinfarkte), wann er geboren sei, und als er antwortete, im August, brach sie in sanftes, scheinheiliges Entzücken aus: »Oh, das ist ja mitten in den Ferien!« Ich merkte, daß sie für alle Geschichten dieselben Fragen und Bemerkungen bereit hatte: man solle auch bei sich selber die Ursache der Krankheit suchen, daß es ihr selber auch oft so gehe, etc. Wie strahlend abwesend sie uns anschaute und bei uns ausharrte! Oft fragte sie, dem Anschein nach ganz Teilnahme und Aufmerksamkeit, dasselbe noch einmal: sie hatte nicht nur die Antwort vergessen, sondern auch ihre eigene Frage! Ihre völlige Geistesabwesenheit unter den Mienen und Gesten einer unbedingten Geistesanwesenheit. (Eigentlich möchte ich diese Frau wenigstens noch einmal erleben, zu »meinem Privatvergnügen«!) - Sie kam auch soeben und sagte, die Hand beschwichtigend senkend: »Ruhe halten! Und nicht aus den Sorgen Berge machen! Und nicht im Tunnel stecken bleiben!« (Und ihre Nachfolgerin schaut einem genauso lang und leer in die Augen)

Ich spürte, daß mir die Ärztin vor ihrem Weggehen die Hand geben würde, und hielt meine Hände in den Luftzug, damit sie nicht schwitzten

Das Etwas damals, das in der Nacht unter meinem Bett sprang, wie in der Matratze; und als ich mich, nicht sicher, ob es nicht nur ein Alptraum gewesen war, in ein anderes Bett legte, sprang da wieder etwas, wie etwas Gefangenes, Wildes in höchster Platzangst - und zwei Tage später fand ich eine sterbende Ratte still atmend auf dem roten Linoleumküchenboden liegen; ich kehrte sie mit dem Handfeger auf die Kehrichtschaufel und ließ sie in einen Plastiksack rutschen; dann trug ich den Sack in den Hof zum Abfall

Die Ärzte sagen sehr oft: »ein bißchen«, »ein kleines bißchen«: »Haben Sie heute wieder ein bißchen Blut gespuckt?« »Ihr Blutdruck ist ein ganz kleines bißchen erhöht«

Alle diese vielen unbekannten Menschen, die vielen betriebsamen Geräusche - das beruhigt tatsächlich »ein bißchen«

Oder sie gebrauchen Euphemismen wie: »Die Untersuchung ist natürlich keine Lustpartie...« und Tautologien: »L'hôpital c'est l'hôpital«

Sich wieder als Herr über sich und seinen Körper fühlen: Herrlichkeit!

Plötzlich die Vorstellung, daß, wenn die Bedrückung in der Brust mich verließe, auch das Lebensgefühl mich verlassen würde

Der alte Mann, nach seinem dritten Infarkt, begleitet alles, was er erzählt, auch die Scherze, mit einem resignierten Fallenlassen seiner Arme oder Hände

Todesangst: daß man nichts von dem, was man sieht, mehr fühlt, weil man keinen Humor mehr hat!

Von der orthodoxen Wirklichkeit getötet

Als der Arzt sagte, daß ich zurück müßte ins Reanimationszimmer, tat der andere Patient sofort die Zeitung, die ich ihm geliehen hatte, auf mein Tischchen zurück

Fast freue ich mich schon wieder darauf, daß mir Blut abgezapft wird

Das Blinklicht an dem Kardiogrammgerät, und das Blinklicht der vor dem Fenster landenden Flugzeuge

Peter Handke: Eine Zwischenbemerkung über die Angst

(1974 v)

»Du hast immer nur Angst, Angst, Angst«, hat gestern ein Kind zu mir gesagt, und es sagte das ziemlich gelangweilt ... Wann habe ich eigentlich *keine* Angst? Sehr oft, meistens; aber wenn ich dann Angst habe, kommt wieder das Gefühl, daß jetzt ich gemeint bin und daß jetzt das Leben anfängt. Wenn ich keine Angst habe, fühle ich mich entweder stumpfsinnig oder so glücklich, daß ich vor Glück gereizt werde und jeden Buckel in der Umwelt nur als Störung meines Glücks empfinde. Ich habe noch nicht recht gelernt, im Glück vernünftig zu bleiben und aufmerksam für die andern zu sein. Sehr selten gelingt das vernünftige Glück, das von der Umwelt nicht abschließt, sondern für sie öffnet. Das wäre dann die gewünschte Existenz; aber auf dem Weg dahin ziehe ich die augenöffnende Angst meinem blindwütig aggressiven Glück vor, dessen jähe Bösartigkeit ich auch an anderen Glücksfanatikern erschreckt wiederfinde. Angst also wovor? Das ist eine mir unverständliche Frage. Ich habe einfach Angst, wie ich Träume habe, wie ich manchmal Kopfschmerzen habe, wie ich Erinnerungen habe; die äußeren Einzelheiten entzünden die Angst nur. »Panischen Schrecken« nannten die Griechen diese Angst ohne sogenannte Ursache. Ja, wenn ich Angst habe, bricht in mir eine Panik aus, eine stille, heiße, ruhige Panik, fast wie bei dem vor Schrecken angewurzelten Bambi Walt Disney's, jedenfalls so ähnlich ..., und vielleicht auch ähnlich kitschig; und ähnlich auf die Nerven wie das panisch erschreckte Bambi geht mir auch oft meine Angst. Was soll also daran augenöffnend sein? Nicht den Zustand der Angst meine ich, sondern den Zustand danach – wenn die Angst vorbei ist. Da entsteht dann ein Gefühl, das jenem vernünftigen Glück nahekommt: das Gefühl für die Existenz und die Existenzbedingungen der anderen Menschen, ein starkes, mitteilbares, soziales Gefühl. Deswegen kann ich es mir nicht leisten, daß mir meine Angst nur auf die Nerven geht, und deswegen schreibe ich darüber und lebe davon, daß ich darüber schreibe. Und die Todesangst? »Schickt es sich, eine so kurze Sache so lange zu fürchten?« heißt es in den ›Essais‹ von Montaigne. O ja, o ja. Und die Langeweile des Kindes? O, ich könnte über meine Angst so viele komische Einzelheiten erzählen, daß ich schließlich sogar ein Kind damit zum Lachen bringen könnte.

Franz Hohler: Die drei Beobachter

(1979 v)

Drei Freunde beschlossen einmal, von jetzt an alle etwas zu beobachten.

»Ich werde die Hirsche beobachten«, sagte der erste, »wo sie durchgehen, was sie fressen, was sie miteinander tun.«

Der zweite sagte: »Ich will die Sterne beobachten. Wie sie sich verschieben, wie sie entstehen und verlöschen, wie sie sich um andere Sterne drehen.«

»Und ich«, sagte der dritte, »ich will Häuser beobachten. Wie sie dastehen, wie sie ihre Farbe verändern, wie sie einstürzen.«

Da wunderten sich die andern beiden sehr und versuchten, ihn von seinem Vorhaben abzubringen. Häuser, sagten sie, könne man doch nicht beobachten, auch sei ein Hauseinsturz etwas sehr Seltenes, und überhaupt werde er es mit dieser Tätigkeit nirgends hinbringen.

Der dritte ließ sich aber nicht davon abhalten, und so trennten sie sich und vereinbarten, daß sie sich nach zwölf Jahren wieder am selben Ort treffen wollten.

Als sie sich nach dieser Zeit wieder sahen, konnten die beiden ersten kaum warten, bis sie erzählt hatten, was aus ihnen geworden war, der eine war bereits ein bekannter Hirschforscher und der andere ein aufstrebender Astronome.

»Und du?« fragten sie den dritten, der alt aussah, »hast du deine Häuser beobachtet?«

»Ja«, sagte der dritte, »ich habe die ganze Zeit nichts anderes getan.«

»Und hast du je ein Haus einstürzen gesehen?« fragte der zweite.

»Nein«, sagte der dritte, »ich habe nie ein Haus einstürzen gesehen, und ich habe es auch nicht zu etwas gebracht wie ihr. Trotzdem ist es geradezu unheimlich, was ich alles erlebt habe.«

Franz Hohler: Der Granitblock im Kino

(1974 v)

Ein Granitblock aus einem öffentlichen Park hatte lange gespart und wollte mit seinem Geld ins Kino, und zwar hatte er von einem lustigen Film gehört, ›Zwei Tanten auf Abenteuer‹. Er ging also an die Kasse und verlangte fünf Plätze. Zuerst wollte sie ihm die Kassiererin nicht geben, doch da sagte der Granitblock bloß »oho«, und schon hatte er die Billette. Er hatte erste Reihe gelöst, weil er seine Brille vergessen hatte. Als sich der Granitblock auf seine fünf Plätze setzte, krachten gleich alle Armlehnen zusammen, und dann fing das Vorprogramm an. Der Granitblock schaute interessiert zu und bestellte in der Pause zehn Eiscrèmes, die er sofort hinunterschluckte. Jetzt fing der Hauptfilm an, und der Granitblock amüsierte sich sehr. Da er an Humor nicht gewöhnt war, mußte er schon über jede Kleinigkeit lachen, zum Beispiel, wenn eine Tante zur andern sagte, na, altes Haus? Er schlug sich auf die Schenkel und lachte, daß das ganze Kino zitterte und die Leute durch die Notausgänge flüchteten. Als dann eine Tante der andern mit dem Schirm eins über den Kopf haute, war der Granitblock nicht mehr zu halten. Er hüpfte jaulend auf und ließ sich auf seine Sessel plumpsen, die sogleich zusammenbrachen, und damit nicht genug, stürzte er durch den Boden des Kinos in einen Keller und konnte den Rest des Films nicht mehr ansehen. Das Kino wurde vorübergehend geschlossen, der Granitblock mußte mit einem Lastwagen in seinen Park zurückgebracht werden, und heute langweilen sich schon alle Spatzen, wenn er wieder mit seiner Geschichte von den Tanten kommt und kichernd erzählt, wie eine zur andern gesagt hat, na, altes Haus.

Marie Luise Kaschnitz: Drohbrief

(1972 v)

Jeden Tag sieht er seine Post hastig durch, ob nicht der Drohbrief dabei ist, den er schon lange erwartet. Er weiß nicht, auf welchem Papier der Brief geschrieben ist und welches Format er hat, vielleicht länglich, vielleicht rot. Möglicherweise steckt er in einem gewöhnlichen Geschäftscouvert, grün mit Fensterscheibe, was aber nicht anzunehmen ist, da es sich ja um einen ganz persönlichen Brief handelt. Was darin steht, weiß er natürlich auch nicht. Es gibt so vieles, wofür man ihn zur Rechenschaft ziehen könnte, seine Faulheit, seine Feigheit, diese vor allem. Vielleicht steht auf einem sonst leeren Blatt nur ein Fragezeichen (er, in Frage gestellt), oder ein Ausrufungszeichen (Achtung, Achtung) oder ganz einfach: ein Punkt.

Marie Luise Kaschnitz: Was wir noch können

(1972 v)

Was ist, was sein wird, womöglich sein wird, und daß wir solche Dinge wahrnehmen und beklagen, Grausamkeiten noch wahrnehmen und beklagen, Ungerechtigkeiten noch wahrnehmen und beklagen, während es doch denkbar wäre, eine Zeit denkbar wäre, in der wir umherkriechen empfindungslos, in der uns nichts mehr angeht, unter die Haut geht, neben uns schreit ein Sterbender, und wir wenden den Kopf nicht, neben uns wird ein Kind gegen eine Mauer geschleudert, und wir erschrecken nicht. Demgegenüber scheint auf jeder noch so bescheidenen Anteilnahme, jedem noch so billigen Erbarmen der Schimmer eines goldenen Zeitalters zu liegen. Wir können noch sehen, wir können noch hören, wir können noch leiden, noch lieben.

Sarah Kirsch: Auf dem Deich

(1986 v)

Als ich meine Schafe die sehr klugen Tiere nebst den Lämmlein an einem trüben doch windstillen Tag aus der Hütte hervorquellen ließ und sie ein wildes Springen begannen mit quergestellten schwarzfüßigen Körpern erschien mir der Wintertag blau. Sah auch wie unterm bereiften filzigen Gras die Knospen des Bocksbarts vom Schöllkraut sich ordentlich streckten und wie die Maulwürfe eilig zu traben begannen den Stollen dem einer Braut zu nähern. Ach ich sah weit voraus bis ins Magma der Erde bis mich die Feueradern erschreckten. Warf den Blick hochempor wo der Habicht sich wiegte, dann herabfuhr, das bekam was er wollte. Die mistfahrenden Bauern weit in der Ebene drin im Netz der Gräben gefangen konnte ich an ihren Hütchen erkennen und mit verschiedenen Namen mir vorstelln. In den Fischgrätenbäumen hüpften die Vögel und schrien eingerosteter Stimmen. Die Lämmer suchten nach ihren Müttern wedelten mit kupierten Schwänzen wenn sie das Euter über sich hatten. Alles war nun ein freundliches Bild und wie geschaffen für Postkartenfotografen wohin man auch blickte.

Sarah Kirsch: Vineta

(1986 v)

Es ist die dunkle die Sommerzeit dunkles Grün graue schwarze perlgraue Wolken seit vielen Tagen das bekannte Gefühl auf dem Grund der See sich zu bewegen. Der Wind erschafft Wellen rings in den Lüften kreuzlahm sind die Bäume vom vielen Verbeugen es bleibt keine Wahl ich höre sie knirschen. Einer gab die Verbindlichkeit auf ist schon zersplittert. In diesen dunkelgrünen Tagen und Nächten wehende meterlange Grashalme Kuckuckslichtnelkenkorallen beginnt der Holunder zu blühn. Sein Wohlgeruch kriecht in den Kopf verwunschene Zeit verblichnes Gelächter silberne Kirchenglocken mögen Versunkenes heben zerflattertes Erdenleben weit tragen. Ein dumpfes Glück für den der es hört und noch auf der Sternenhaut geht federnd über die tiefen Moore.

Brigitte Kronauer: Der Kontrolleur

(1977 v)

Sofort, ohne daß wir ausdrücklich den Entschluß fassen mußten, waren unsere Hände, als wir das Wort »Fahrkartenkontrolle« hörten, wie auf Befehl zu unseren Manteltaschen gezuckt. Dort allerdings, bei einigen Leuten noch in der Luft, stoppte die Bewegung, wieder eigentlich ohne unser Zutun. Wir gehorchten rascher, als wir denken konnten. Die Finger folgten der hastigen, im Grunde ja überraschenden Geste derjenigen S-Bahninsassen, die nicht wie ich in Fahrtrichtung sahen, die nämlich offenbar früher als ich und die anderen, die mir den Rücken zuwandten, auf ein neues, dem ersten widersprechendes Signal hin handelten.

Ich drehte den Kopf zum Kontrolleur herum. Er lehnte bewegungslos an der Tür, ein schmächtiger junger Mann in einem Anorak, mit gestrickter Mütze auf dem Kopf, gleichmäßig rund ins Gesicht gezogen. Ich wußte augenblicklich, daß er der Rufer sein mußte, »denn«, dachte ich im ersten Moment, »er grinst wie einer, der zurecht alle Blicke auf sich spürt!« Dann entdeckte ich, daß er niemanden ankuckte. Er lächelte, als nähme er, weder triumphierend noch ängstlich, die Wirkung seines Manövers gar nicht wahr. Bei kaum merklich rutschendem Mund lächelte er beständig gegen die letzten Fensterscheiben des Wagens, über alle Locken und Hüte weg. »Verträumt und wachsam«, sagte ich mir eher unwillkürlich, doch auf der Stelle, »freundlich und feindselig zugleich! – Schön, aber was denn wirklich? Wie kann er dastehen, nachdem er alle Leute zum Narren gehalten hat, und glauben, er dürfe sich der Situation so gleichgültig entziehen, so ein Gesicht schneiden, beinahe angewidert, als kenne er das, was die Leute auf ihren Sitzen nun denken, im voraus so gut, daß er gar nicht hinkucken muß. Und Ihren Gefühlen nach werden sie sich in zwei Lager spalten.« Sie zeigten es zwar nicht deutlich, sie hielten still, sie verrieten sich nicht, aber es gab jetzt mit Sicherheit Belustigte und Verärgerte. Es war unmöglich, ihm in die Augen zu sehen.

Bei der nächsten Station, Sternschanze, beugte er sich plötzlich, nachdem ihn einige Leute beim Ein- und Aussteigen passiert hatten, aus der Tür und pfiff laut auf einer Trillerpfeife, noch vor dem Abfahrtszeichen des Bahnsteigbeamten. Jetzt flogen auf einmal viele Köpfe herum, gekrauste Stirnen, jetzt also doch erkennbar argwöhnische Gesichter! Aber gleich duckten sie sich wieder in ihre früheren Haltungen zurück. Ich fragte mich, ob das Pfeifen nicht gefährlich sei, ich war erschrocken und sah nun auch, daß er in der rechten, schlaff nach unten hängenden Hand einen Einkaufsbeutel trug. Er lehnte sich, als die Bahn abfuhr, nach hinten und lächelte wieder, ganz unbeteiligt, mit still zuckenden Lippen. Ich bemerkte mir gegenüber einen Mann, gekrümmt auf der Vorderkante des Sitzes, schielend, schweratmend. Er trug ebenfalls einen Einkaufsbeutel bei sich, seiner allerdings war prallgefüllt, und er hielt ihn mit den beiden fleckigen, geschwollenen Händen fest auf den Knien. Auch in seinem Gesicht gab es ein seltsames Auf- und Abgleiten. Er sah starr zu dem Mann an der Tür. In der Nähe seiner hervorquellenden Augen verrutschten die Falten unaufhörlich.

Der falsche Kontrolleur griff in seinen Beutel und holte ein Radio heraus, das er sogleich zu voller Lautstärke aufdrehte. Überall versteiften sich die Nacken. Gegen das unverständliche Gröhlen des Nachrichtensprechers drückte auf der anderen Seite die Stille einer totalen, vollkommen verheimlichten Aufmerksamkeit. Nur der Schielende klappte mit einem Mal den Mund auf und rief wild in das Abteil zu den übrigen Insassen, die aber – wie abgemacht – nicht zurücksahen: »Das is wohl'n Kommunist, was? Das is wohl'n Roter. Raus hier, Kommunist, oder halt die Klappe!«

Der Mann an der Tür wechselte seinen Gesichtsausdruck, als er bei der Station Holstenstraße pfiff, nicht um eine

erkennbare Spur. Neben mir saß jemand in dunkelblauem Mantel aus gutem Stoff. Auf seinem Schoß lag ein Diplomatenkoffer. Von der Seite, unter gesenkten Lidern, bemerkte ich ihn, sein weißblondes Haar, eng anliegend, so daß der Kopf sehr ordentlich, fast kahl, ja nackt wirkte und schattenlos. Ein Mann Mitte dreißig, von innen rosig erleuchtet. Er preßte die Lippen zu einer heiklen Wellenlinie. Der empörte Fahrgast schien sich nur noch mit Mühe auf dem Sitz zu halten, als der Mann mit der Pudelmütze sein Radio keineswegs leiser drehte, sondern, im Gegenteil, in Altona, vor der Abfahrt des Zuges, den Oberkörper nach draußen schwenkend, wieder gellend pfiff. Der andere schüttelte, hochrot angelaufen, eine Faust und schrie: »Der is wohl irre, was? 'n Irrer! Halt die Fresse! Halt die Fresse! Hat wohl Paragraph 51.« Er fügte noch etwas mit einem Komma und einer Zahl dahinter hinzu. Jetzt spätestens würden ihn alle wegen dieser detaillierten Kenntnis verdächtigen! Er stand halbwegs, zwischen den Knien der Fahrgäste schwankend, etwa sechs Meter von seinem Gegner entfernt, der unverändert schräg zu den letzten Fenstern sah.
Ich dachte: »Zu wem schlagen sich die Leute augenblicklich?« Der Mann neben mir verzog die Lippen sehr vorsichtig, und beinahe gelang es ihm, sich im Leder seiner Aktentasche zu spiegeln. Immer mehr Hälse wurden sachte gedreht. Alle schienen den Atem anzuhalten, etwas wurde mit äußerster Anstrengung unterdrückt: Wut oder Gelächter, während der Schielende heftiger schielend weiterbrüllte, fast schluchzend, mit sich überschlagender Stimme tobte. Er setzte seinen Beutel, den er so lange fest umklammert hatte, auf den Boden, wo er sofort umkippte. Der Mann beachtete es nicht, er reckte seine schwerfälligen Hände vor, »Kommunist, Irrer! Zum letzten Mal, hau ab!« keuchend. Plötzlich, jetzt endlich, machte der andere die Geste des Leiserdrehens. Er sah dabei ununterbrochen mit schwach bebenden Mundwinkeln über alle Köpfe weg, freundlich und feindselig zugleich, also nichts von beidem. Alle nahmen diese Reaktion, dieses Nachgeben zur Kenntnis, auch der Schreiende. Er atmete in Stößen, aber schwieg nun. Es dauerte auch nur noch wenige Sekunden: Der Pfei-

fer stieg aus. Er sprang um die Ecke, schon war er weg in Bahrenfeld. Was hatte ich erwartet? Ah, da: Von draußen hörten wir einen extra lauten Pfiff, leidenschaftlich geradezu. Aha: Nicht zu verkennen, aha, das tat gut! Also doch jetzt etwas Eindeutiges. »Trotz, schlichtweg Trotz!« dachte ich zufrieden und streckte die Beine in den Gang, um mir dieses Gefühl auch ganz glaubwürdig vor Augen zu halten. Die Leute schwenkten locker die plötzlich wieder gelenkigen Hälse, hier und da ein lächelnder Kontakt. »Ja, und Sie lachen auch noch darüber!« flüsterte der Schielende erschöpft zu mir hin. Er rieb sich mit dem Handrücken Speichelflocken von Kinn und Mund. Der Mann an meiner Seite nickte zart, verschmitzt.
»Alle, die hier im Abteil sitzen«, dachte ich beim Aussteigen, »werden zuhause, beim Abendbrot oder kurz vor dem Einschlafen, gelassen eine Geschichte zum besten geben, eine mit zwei Personen.«

Günter Kunert: Lieferung frei Haus

(1979 v)

1

Im Straßenbild: keine merkliche Veränderung. Vielleicht rollten mehr Lastwagen als sonst durch die Stadt. Doch das fiel höchstens perfekten Verkehrspolizisten auf. Keineswegs auf fiel, jedenfalls nicht zuerst, daß nach allabendlichem Aufkommen der Dunkelheit wie auch im Dämmer einsamer Morgen diese Lastwagen, die bis dahin scheinbar zahllos durch die Straßen gekurvt, plötzlich vor dem oder jenem Haus stehenblieben, um etwas Kastenförmiges, Kistenartiges, Hölzern-Kubisches aus sich zu entlassen, womit Fahrer und Gehilfen gewöhnlich überaus eilig im Haustor verschwanden.
Manchmal schleppten sie an oder sogar über die zehn Stücke in einen Wohnblock, so daß sich sehr späte oder sehr frühe Passanten wunderten, was da wohl wohin getragen würde und zu welchem Zweck. Zu denen, die eines Mor-

gens erstaunt einen derartigen Vorgang beobachteten, gehörte Friedrich W. Schmall. Er kehrte vom Nachtdienst heim und sah sofort den Wagen, aus dem langgestreckte Kästen in sein Haus geschafft wurden.

Auf der Treppe versuchte er von den Trägern etwas über ihre Lasten zu erfahren, aber sie bliesen ihm nur keuchend ihren Atem ins Gesicht und stießen unverständliche Laute der Anstrengung aus.

Im ersten Stockwerk, dem unter seinem, bemerkte Schmall eine offene Wohnungstür, hinter der sich bereits viele solcher Kisten türmten; weiterhin erhielt er im Vorbeigehen einen undeutlichen Eindruck von dem Gesicht des Wohnungsinhabers, das einer bleichen, großen Blase ähnelte, schweißnah, mit zwei schwarzen Knöpfen besetzt: schrekkensstarren Pupillen.

2

Am hellen Tage, als Schmall nach Brot hinunterlief, erhob sich vor ihm auf den Stufen die Portiersfrau und versperrte den weiteren Weg. Während sie die wassertriefenden Hände an der Schürze trocknete, fragte sie flüsternd, ob er schon wisse? Schmall wußte nichts. Aus ihrem Mund, den sie angstvoll fast an sein Ohr drückte, hauchte es: »Herr Helmbrecht hat Leichen bekommen. Stücker zwölf.«

Damit schlagartig den unglaublichen Anschein bestätigend, den die Kisten erweckt hatten. Aber warum und weshalb Herr Helmbrecht sich sorgfältig verpackte tote Leute in die Wohnung liefern ließ, konnte Schmall nicht begreifen. Auch darüber klärte ihn die Portiersfrau auf:

»Nicht doch, nicht bringen lassen. Er *mußte* sie nehmen. Es sind die, die er selber umgebracht hat. Ich weiß es!«

Hastig kniete sie sich wieder hin, den Kopf über den filzigen Scheuerlappen gebeugt, zu keinem Gespräch mehr bereit, taub für Schmall, der nach einer Weile echolosen Fragens die Achseln zuckte und weiter abwärts stieg, von Hunger getrieben.

3

In der Bäckerei bediente ihn die Frau des Bäckermeisters; ihr fülliger Leib, sonst von ihm lüstern gemustert, wirkte heute spannungsleer und krank. Gerötet die früher lebhaften Augen und verweint, erneut wäßrig glitzernd, als sie ihm auf seine unvorsichtige Frage Auskunft gab: Ihr Mann habe des Nachts einen schweren Anfall erlitten, einen Herzinfarkt, und als Grund bezeichnete sie stockend eine Greisin: »Die hat mein Mann mit dem Wagen umgefahren. Jahre ist das nun her – Jahre! Er wurde freigesprochen, weil die Straße regenglatt war. Und jetzt bringen sie uns die Leiche.«

Ihre Stimme hob sich zu nie gekannter Schrillheit: »Wegen Überfüllung der Friedhöfe. Und wegen der Verantwortlichkeit für Rentnerin Elsa Niedermaiers Ableben, welche erst recht nach demselben zum Tragen zu kommen hat, wie amtlicherseits verfügt wurde. Hier ist der Frachtzettel!« Sie schwenkte schluchzend ein Papier.

Friedrich W. Schmall schaute betreten auf die wulstigen und geborstenen Lippen der vielen Brötchen, die ihm kein tröstendes, mitfühlendes Wort soufflieren wollten. Sogar: Im Grunde seines Herzens (da, wo es am tiefsten ist) räkelte sich gemeine Zufriedenheit: Recht geschieht dem Bäcker! Fast hätte Schmall gelacht. In seiner Kehle meldete sich ein hüpfendes Glucksen: Recht geschieht ihm, dem Nahrungsgewinnler!

Rasch ging er aus dem Laden. Beschwingt lief er zurück. In seine Straße einbiegend, erblickte er einen himmelblau lackierten Kühlwagen, der brummend anfuhr.

Schmall stand still, und der Wagen zog dicht an ihm vorbei. Er erkannte im Halbdunkel des Fahrerhauses nur wenige Einzelheiten: apoplektische Wangen, unnatürlich glänzende Augen, einen kurzen, glimmenden Zigarrenstummel in einem fröhlich aufgewölbten Mundwinkel; schattiges Sichregen, das weiterglitt und verschwand.

4

Leute hatten sich vor dem Nebenhaus angesammelt, die Köpfe ins Genick gebogen, interessiert an einem bestimmten Fenster. Schmall erfuhr, dorthinauf wären vierzig Kisten getragen worden. Jemand sagte:

»Seine Wohnung muß gerammelt voll sein!«

Ein anderer:

»Kein Platz mehr da oben. Der Oberpostsekretär sitzt schon im Klosett.« Ein älterer Mann murmelte so leise, daß es keiner der Umstehenden außer Schmall vernehmen konnte:

»Das hat er sicher nicht gedacht, als er sie erschoß. Eigenhändig übrigens. Sie hatten genug vom Krieg, aber nicht der Oberpostsekretär. Damals war er das auch noch gar nicht...«

Schmall fragte leiser vor sich hin:

»Was wird er jetzt tun?« Der andere hob schmetterlingsleicht die Schultern und sagte in normaler Lautstärke:

»Man weiß nicht genau, was die Belieferten machen. Ein Mann ist gestern festgenommen worden, als er Leichenteile in eine Mülltonne stopfte. Es handelte sich dabei um Teile einer Frau, und er hatte sie eines Hauses wegen geheiratet.«

»Er hat sie umgebracht?!«

»Nicht so, wie Sie denken...« Der ältere Mann grüßte höflich und wandte sich fort. Die Leute liefen auseinander, weil ja doch nichts geschah. Schmall betrat sein Haus, darüber grübelnd, wie die Lieferanten eigentlich die Verantwortlichkeit der Empfänger feststellen mochten. Und wie hoch mußte dann der Schuldanteil sein, damit eine Leiche auf diesen entfiel?

Eine bisher unbekannte Art von ausgleichender Gerechtigkeit war hierbei am Werk, die Schmall bedrückte. Wenn nun Irrtümer unterliefen, die ohne weiteres möglich waren, denn die Gerechtigkeit bringt immer Irrtümer mit sich, und ein völlig Unschuldiger durch eine fehlgeleitete Fracht zu Tode erschreckt würde – wer wohl bekäme dessen entschlummerte Physis?

Unzufrieden schlang Schmall seine belegten Brote hinunter, suchte möglichst bald den ungemütlichen Gedanken zu entkommen, sich hinzuflüchten zu seiner Braut, deren freundliches Antlitz ihm heute ersehnenswerter erschien denn je.

5

Unterwegs kaufte er Blumen für sie. Als er ihre Straße erreichte, stand im Westen ein Rest von violettem Geleucht über den Dachsilhouetten. Die Straße selbst lag schon in sichtverschlingender Finsternis. Mit schnellen Schritten war Schmall in dem Gebäude, vor dem ein Lieferwagen parkte: Modischer, blecherner Katafalk, bedrohlich funkelnd im ungenügenden Licht weniger Laternen.

Friedrich W. war bereits die halbe Treppe hinaufgelangt, als er über sich das schwere Atmen der Träger wahrnahm, dazu einen Geruch, gemischt aus Moderduft, Desinfektionsmitteln und einer Ingredienz, die ihm großes Unbehagen bereitete. So rasch wie möglich wollte er daher an den Aufwärtsstampfenden vorbei, jedoch versperrten die ihm geschickt den Weg nach oben, so daß Schmall hinter ihnen und einer ziemlich kleinen Kiste hersteigen mußte - Stufe um Stufe.

Endlich erreichten sie das Stockwerk, wo seine Braut Felicia Wirwark wohnte. Bevor Friedrich sich zur Wohnungstür durchdrängen konnte, um Fräulein Wirwarks Klingelknopf zu drücken, war ihm einer der Männer zuvorgekommen. Friedrich W. Schmall erschrak. Ein widerwärtiges Empfinden fuhr in ihn, verbreitete sich durch seinen ganzen Körper wie eine plötzliche Schwäche. Vorsichtig wich er zurück. Tastete mit dem Fuß nach Stufen unter sich. Zwei, drei Schritte: Zwei, drei Stufen abwärts.

Ohne von Felicia bemerkt zu werden, erblickte er in der aufschwingenden Tür ihr Gesicht, das verfiel, als sie erkannte, was man ihr brachte. Ihre Augen und Nasenlöcher und ihr aufgesperrter Mund waren tiefe Schatten und sehr ähnlich den hartverschminkten lebenden Masken in uralten Stummfilmen. Dieses aus der Wirklichkeit herausgeschnittene Bild behielt Friedrich bei sich, während er unbemerkt die Treppe hinabschlich.

6

Dieses Bild: Wenige Tage später von Sehnsucht zerstört. So rannte Schmall vom Nachtdienst zu Felicia, die ihn empfing, als sei nichts gewesen: Heiter wie immer umarmte sie ihn herzlich und legte seinen Hut sanft auf die Spiegelgarderobe. Nachdem sie sich ihm wieder zugewendet, stutzte sie und betrachtete ihn eingehend. Besorgt, er könne krank sein, führte sie ihn ins Wohnzimmer und versprach, sofort Tee zu bereiten. Aber Schmall sah sich nur suchend um und fragte heiser:

»Wo hast du es?«

»Was, wo?« Sie hob die rechte Augenbraue. Friedrich hielt Felicia fest, daß sie nicht aus dem Zimmer konnte:

»Der Sarg. Der kleine Sarg, der vorgestern kam!«

Felicia, von einer Blutwelle dunkelrot gefärbt:

»Schäm dich, schäm dich ...«, und blickte ihn nicht an.

Schmall zu der Frau, die sich aus seinen Händen zu drehen suchte:

»Gut: Du hattest ein Kind. Ich mache dir keinen Vorwurf. Aber warum hast du mir nichts gesagt? Ich will dir nur helfen. Du mußt doch leiden ...« Felicia stieß ihn mit einem Ruck fort und rief verlegen:

»Wir wollen nicht Kino spielen!« Und als Friedrich dringlich aufs neue nach dem Kind fragte, hob sie trotzig den Kopf:

»Ich habe es in der Heizung verbrannt, wenn du es unbedingt wissen willst!« Sie zuckte die Achseln.

»Es ist so lange her. Soll ich aus meiner Wohnung ein Mausoleum machen? Ich habe doch dich ...« Sie näherte sich ihm, wollte sich an ihn drücken, doch Schmall schob sie von sich.

Sie beobachtete ihn von unten herauf mit einem undeutbaren Schimmer der Iris und ging gleich in die Küche, den Tee aufzubrühen. Während sie laut und ungeniert mit dem Geschirr klapperte, entwich Friedrich lautlos aus der Wohnung. Er, der einzige Unschuldige unter lauter Schuldigen.

7

Wieder einen Tag weiter fiel ihm vor seiner Haustür ein dunkelgrüner Kombiwagen auf, der keine Aufschrift trug. Ohne das Gefährt zu beachten, betrat er sein Haus und bewegte er sich die Treppe hinauf, sich am Geländer hochziehend vor Müdigkeit. Mürrisches Gemurmel scholl ihm entgegen, als er um den Treppenabsatz bog, der zu seiner Wohnung führte.

Vor der Tür, an der ein Schildchen mit seinem Namen haftete, warteten die Träger, eine schlanke Kiste zwischen sich. Sie hatten seinen Schritt gehört und wiesen ihm jetzt ihre Gesichter, aus deren Unbeweglichkeit ihn die Augen reglos anglotzten. Er stieg unaufhaltsam weiter, hinein in diesen geballten Blick. Gleichgültig erscheinend, hob er die Füße, in der festen Absicht, an seiner Wohnungstür vorbeizugehen. Er mühte sich, einem zufälligen Besucher zu gleichen, wie er ihn sich vorstellte. Er wirkte wohl nicht überzeugend fremd, denn als er fast an der Tür vorüber war, stoppte ihn der Fahrer mit der Frage, ob er wisse, wo Friedrich Schmall sei.

Den eigenen Namen in solchem Zusammenhang zu vernehmen, verstörte Friedrich W. Er war sich doch seiner Unschuld bewußt. Hier und jetzt ereignete sich also der von ihm befürchtete Irrtum.

Was sollte er um Himmelswillen mit einer unbekannten Leiche in der Wohnung? So setzte er an, ein glaubhaftes Kopfschütteln zu produzieren, da zog einer der Träger die Klappe vom Kopfteil der Kiste herunter, und als sich der urplötzlich neugierig gewordene Schmall vorbeugte, erkannte er unter sich, eingenagelt, Felicia Wirwark.

Nach einer von den kleineren Ewigkeiten richtete er sich wieder auf, holte den Schlüssel hervor und schloß seine Wohnungstür auf, durch die er mählich verschwand. Schweigend nahmen die Träger die Kiste auf und folgten Schmall. Der Fahrer rollte die Liste auf und hakte einen Namen ab, voller Zufriedenheit nickend.

Kurt Marti: Meine Angst läßt grüßen

(1980 v)

Meine Angst, wurde mir ausgerichtet, lasse grüßen, sie erfreue sich bester Gesundheit. Ich hatte sie, aber das ist schon fast zwei Wochen her, zwischen Lausanne und Fribourg aus dem Zug geworfen. Warum, fiel mir damals plötzlich ein, sollte man sich einer so lästigen Klette nicht entledigen können? Da außer mir gerade niemand im Abteil war, die gute Gelegenheit mir aufmunternd zunickte, hab ich's dann also getan. Soviel mir bekannt, ist eine solche Handlung nicht strafbar. Nur vergaß ich natürlich im Überschwang meines Entschlusses, daß Ängste überaus zäh sind. Sie überleben alles, sie überleben auch uns. Meine Angst zum Beispiel ist, bevor sie auf mich kam, die meiner Mutter gewesen. Und meine Mutter hat sie vielleicht schon von einer Tante gekriegt, das weiß ich schon nicht mehr. Wie immer: Wir Menschen kommen und gehen, doch ungerührt bleiben die Ängste am Leben und wählen sich neue Träger aus. Kein Wunder, daß es einer Angst überhaupt nichts ausmacht, aus dem fahrenden Zug geworfen zu werden. Deshalb ist meine euphorische Handlung ein sinnloser Akt gewesen. Wie zu erwarten war, stellt sich nunmehr heraus, daß die würzige Waldluft des Waadtlandes meine Angst erst recht gekräftigt hat. Schon also läßt sie mich grüßen. Bald wird sie wiederum da sein, ausgeruht und erholt für ihren Erwählten, für mich. Treue, hört man heute oft klagen, sei selten geworden. So kann nur reden, wer für einen Augenblick seine Angst vergessen hat, vielleicht hat vergessen wollen. Aber niemand bleibt uns so unentwegt treu wie die Angst.

Angelika Mechtel: Netter Nachmittag

(1976 v)

Ich gehe hin, und er steht schon an der Tür; nachmittags um fünf zum Tee.

Gnädige Frau, sagt er und küßt mir mit feuchten Lippen die Hand. Ich habe Ihren Artikel gelesen, sagt er. Er findet ihn exzellent. Ich mache eine Handbewegung und stimme ihm zu.

Dann hilft er mir aus dem Mantel, hängt ihn auf und geht voraus zu Torte und Tee, dickbäuchig, aber in guter Position. Alt, aber noch frisch wie ein Junger, meint er und setzt sich neben mich auf die Couch.

Er könne was für mich tun, sagt er und legt mir die Hand auf die Schulter. So hingelehnt ans Sofa, den Oberkörper schräg zum Unterkörper, lächelt er mir zu.

Er schätzt mich, sagt er.

Mit seiner Vergangenheit ist er zufrieden, auch mit seiner Zukunft. Zwei Weltkriege hat er überstanden und eine Ehe, sagt er. Er serviert immer den gleichen Kuchen, wenn er einlädt. Er hat drei Wohnungen: eine in der Stadt, eine auf dem Land und eine am Lago Maggiore.

Er hat das Leben gemeistert.

Artig trinke ich meinen Tee und nehme die Zigarette, die er mir anbietet; gehe auf das Gespräch ein, das er führen will. So ist eben einer, der groß geworden ist. Unverbraucht, denkt er, anders als unser Jahrhundert.

Er vergißt nicht, höflich zu sein.

Das gehört dazu.

Beim Abschied der Griff zum Mantel und zu den Haaren: Die gehören doch raus aus dem Mantelkragen, sagt er. Und zur Hand, um die feuchten Lippen zu postieren. Das tut er alles mit der Selbstverständlichkeit derer, die was besitzen.

Du solltest nicht diese Handbewegung machen, wenn er sagt, er fände ihn exzellent. Anstelle der Hand zum Handkuß gibst du ihm einen Schlag, nicht übertrieben scharf, nur ganz leicht, und dann dein Gelächter.

Den Artikel findest du schlecht.

Torte, sagst du, ißt du grundsätzlich nicht, und statt Tee verlangst du Kaffee.

Er stellt dir heißes Wasser und Nescafé zur Verfügung. Du nimmst nicht nur einen Löffel Kaffeepulver in die Tasse, du nimmst zwei, schraubst das Glas wieder fest zu und stellst es mitten auf den Tisch, so, daß er sich aufrichten muß, wenn er es mit seinen Händen erreichen will.

Noch hockt er schräg auf der Couch, den Oberkörper schräg abgewinkelt. Du läßt ihn fallen, wenn er deine Schulter fassen will. Du machst ihm Platz.

Weiche Landung, sagst du: Glückauf, und greifst nach der vollen Packung Zigaretten mit der Sicherheit jener, die nichts besitzen.

Er besitzt Einfluß, das weißt du.

Ich könnte was für Sie tun, sagt er, und du lachst. Du hörst nicht mehr auf zu lachen. Vor Vergnügen schlägst du mit der flachen Hand auf den Tisch; die Füße könntest du drauflegen.

Oder ihn durchs Dachfenster auf die Straße transportieren; sieben Etagen abwärts ohne Lift; unten die Feldherrnhalle. Von der entgegengesetzten Seite marschierte Hitler mal an. Glückab. Den kannte er, und nachher war er auch gleich wieder da.

Zwei Weltkriege? fragst du ihn.

Kein Schrapnell hat ihn erwischt.

Glück muß der Mensch haben.

Ich bin Augenzeuge unsres Jahrhunderts, sagt er.

Unser? sagst du, nimmst deinen Mantel, gehst und denkst: Den habe ich fertiggemacht, dem habe ich seine Heuchelei vor den Latz geknallt, der ist erledigt.

Aber er steht frisch an der Tür und hat ein verbindliches Lächeln im Gesicht.

Jetzt beklatscht er noch deinen Abgang.

Bravo, sagt er: Ein ganz neuer Stil.

Du bist verblüfft, weil du kein Kraut mehr weißt, das gegen ihn wächst, nimmst den Aufzug ins Parterre, gehst Richtung Feldherrnhalle und fragst dich, warum du Angst hast. Du hast dir in den Mantel helfen lassen, hast ihm das Glas Nescafé zugeschoben, das heiße Wasser gereicht, hast um

eine Zigarette gebeten und dir Feuer geben lassen. Du hast dich angepaßt, warst empfänglich.
Du fragst dich, warum du Angst hast?
Abends rufe ich ihn an und danke für den netten Nachmittag.

Angelika Mechtel: Marthas kleine Reise

(1976 v)
Einmal im Monat war es soweit.
Martha packte abends ihr Köfferchen, stellte den Wecker, obwohl sie jeden Morgen um halb sechs aufwachte, sagte der Nachbarin Bescheid und legte sich früh schlafen.
Es war alles vorbereitet. Sie hatte den Wetterbericht im Fernsehen angeschaut und, weil es am nächsten Tag warm werden sollte, ein rosafarbenes Seidenkleid mit winzigen grauen Punkten aus dem Schrank genommen und behutsam über den Sessel gelegt; dazu frische Wäsche, die Schuhe vom Orthopäden und ein neues Paar Strümpfe.
Ehe sie die Lampe über ihrem Bett ausknipste, blickte sie hinüber zum Sessel, vergewisserte sich, daß alles so lag, wie es liegen sollte, und konnte einschlafen.
Sie hat sich immer gut vorbereitet, solange sie zurückdenken kann. Jede Bewegung am anderen Morgen ist eingeübt: wie sie das Teewasser aufsetzt und die Butter aus dem Eisschrank nimmt, ehe sie ins Bad geht; den Tee aufbrüht und ziehen läßt, während sie sich ankleidet; im Radio die Nachrichten und den Wetterbericht abhört, solange sie ihr Frühstücksgeschirr, Marmelade, Brot, Butter und den Tee mit dem Zucker aufs Tablett stellt und ins Zimmer hinüberträgt.
Fürs Frühstück läßt sie sich Zeit; sie blickt dabei zum Fenster hinaus, der Himmel ist wolkenlos wie im Wetterbericht. Das ist ihr Tag.
Den letzten Bissen noch im Mund, steht sie vom Tisch auf, holt das Köfferchen und klappt den Deckel hoch. Sie hat ein Paar Schuhe, Wäsche zum Wechseln und ihr Nachtzeug eingepackt; jetzt nimmt sie das gerahmte Bild vom Nacht-

tisch und legt es obenauf, das Glas nach unten, damit es nicht zerbrechen kann.

Die Leute im Haus sind informiert. Wenn sie aus ihrer Wohnung kommt, das Köfferchen neben sich abstellt und den Schlüssel zweimal im Schloß umdreht, hat sie die Fenster geschlossen und Wasser- und Gashahn abgedreht. Es ist alles in Ordnung.

Sie steigt die Treppe hinunter, das Köfferchen in der einen, die Handtasche in der anderen Hand; sie begegnet den Kindern, die zur Schule gehen. Die Kinder mögen sie.

Draußen ist die Luft warm und angefüllt mit Autoabgasen. Leute laufen eilig den Bürgersteig entlang, die Tür zur Bäkkerei steht offen.

Einige Straßenecken weiter steigt sie in den U-Bahn-Schacht, löst eine Karte, fährt mit der Rolltreppe und setzt sich dann in einen Zug Richtung Hauptbahnhof. Sie hat viel Zeit.

Im Bahnhof kennt sie sich aus. Sie mißt die Schlangen der Wartenden vor den Fahrkartenschaltern ab, ehe sie sich anstellt.

Als sie schon einige Schritte vorgerückt ist, entdeckt sie den kleinen Jungen in der Reihe nebenan. Er zieht den Arm seiner Mutter lang, um auf den Steinfliesen herumrutschen zu können. Auf dem anderen Arm hält die junge Frau ein Baby; die Reisetasche hat sie zwischen die Beine geklemmt. Martha lächelt ihr zu.

Es ist eine von diesen langbeinigen und langhaarigen Frauen, jung und zerbrechlich. Zögernd lächelt sie zurück. Martha öffnet ihre Handtasche und nimmt ein Stück Schokolade heraus.

Darf ich? fragt sie.

Der Junge ist zutraulich.

Sie hat einen Enkel im gleichen Alter.

Nächsten Monat wird er drei, bestätigt die junge Frau. Wir fahren zu meiner Mutter. Sonst bringt uns immer mein Mann an die Bahn.

Martha ist glücklich. Einmal im Monat findet sie jemanden, mit dem sie sprechen kann. Darauf hat sie sich vorbereitet. Sie sucht dann ein Abteil, in dem schon andere Leute sit-

zen, sie zeigt Hilfsbereitschaft und ist freundlich.
Ich kann Sie mit den Kindern zu Ihrem Zug bringen, sagt sie.
Sie hat Zeit.
Es ist ein Zufall, daß sie den gleichen Zug nehmen.
Die junge Frau lacht. Fahren Sie auch nach Hamburg? Es ist schwierig, die Kinder acht Stunden lang ruhig zu halten.
Auf der Flucht von Dresden ins Rheinland waren meine Kinder auch so klein, sagt Martha.
Sie steht jetzt an der Fahrkartenausgabe, stellt das Köfferchen ab und kramt ihren Geldbeutel aus der Handtasche.
Rückfahrkarte? fragt der Beamte.
Sie schüttelt den Kopf: Nur einfach. Sie kennt den Fahrpreis und zählt das Geld in die Metallschale.
Auf dem Bahnsteig schmeckt die Luft nach Eisenstaub. Sie hält den kleinen Jungen an der Hand, das Köfferchen und die Tasche in der anderen.
Der Zug ist gerade eingefahren, eine Menge Leute steigen zu.
Ein günstiger Zug, sagt sie, er ist immer voll.
Sie läuft mit der jungen Frau und den Kindern die Waggons ab, blickt in die Abteilfenster; im vorletzten Waggon finden sie Platz.
Sie darf das Baby halten, während die junge Frau ihre Reisetasche auf die Gepäckablage hebt.
Nein, sagt sie, das Köfferchen behalte ich lieber unten.
Mein Mann hat das übrige Gepäck aufgegeben, erzählt die junge Frau und holt sich das Baby zurück. Martha gibt dem Jungen noch ein Stückchen von der Schokolade.
Er sagt Oma zu ihr. Sie hat nichts dagegen. Der Zug steht zwanzig Minuten im Bahnhof, ehe er anfährt.
Mein Sohn wohnt in Hamburg, erzählt sie. Die Tochter hat vor sieben Jahren nach Kanada geheiratet. Sie schreibt Briefe und schickt Bilder vom Haus, von den Kindern und von ihrem Mann. Sie haben es sehr schön dort.
Sie öffnet ihre Handtasche und holt ein Briefkuvert mit Farbfotos heraus. Mit der Schwiegertochter in Hamburg versteht sie sich nicht so gut.
Ich bin nur die Schwiegermutter.

Nach Kanada zu fliegen ist zu weit. Dort hat sie drei Enkelkinder. In Hamburg nur eines.
Da freuen Sie sich aber, Ihren Sohn wiederzusehen, meint die junge Frau.
Martha hält den kleinen Jungen fest, der auf dem Fensterplatz kniet und sein Gesicht an die Scheibe drückt. Der Zug fährt jetzt schneller, er durchquert den letzten Vorort.
Man muß Kinder immer beschäftigen, sagt sie und zeigt ihm die ersten Kühe, die gleich hinter der Stadt auf der Weide stehen.
Wenn Sie in Hamburg sind, müssen Sie mit dem Kleinen unbedingt an die See fahren, sagt sie.
Meine Mutter wird uns am Bahnhof abholen, erzählt die junge Frau.
Martha blickt sie an. Sie ist jünger als die Tochter und jünger als die Schwiegertochter, ihre Gesichtshaut ist weich und glatt, kaum geschminkt.
Was macht Ihr Mann beruflich?
Er ist Verkaufsberater für eine größere Firma und viel unterwegs.
Das Baby auf ihrem Schoß schläft, sie hält sein Köpfchen in der Armbeuge, um die Stöße der Räder aufzufangen.
Auch ein Junge? fragt Martha.
Die junge Frau schüttelt den Kopf und macht ein zärtliches Gesicht.
Sie können es nicht acht Stunden auf dem Arm halten.
Martha breitet auf dem Nebensitz eine Decke aus, die die junge Frau in der Reisetasche hat. Der Junge hat eine Schafherde entdeckt; er ist ganz aufgeregt. Der Zug fährt sehr schnell, draußen ist gelbes und grünes Hügelland, das Korn steht hoch, und manchmal kommen sie an kleinen Bahnhöfen vorbei. Sie kennt die Landschaft.
Guck mal, Oma, sagt der Junge, und sie erzählt von der Wolle, die die Schafe geben.
Bleiben Sie sitzen, sagt sie zu der jungen Frau, damit die Kleine nicht aufwacht. Sie steht auf, das rosafarbene Kleid raschelt, wenn sie sich bewegt. Sie holt Babynahrung, Windeln und ein kleines Kissen aus der Reisetasche. Sie richtet

den Sitz neben der jungen Frau für das Kind, es sind keine anderen Leute im Abteil.

Ihre Enkelkinder mögen Sie sicher gern?

Martha nickt. Den Enkel in Hamburg hat sie zum letzten Mal bei der Taufe gesehen.

Sie legen das Baby gemeinsam auf die Decke, und es ist Zufall, daß sich ihre Hände dabei berühren.

Sie leben allein? fragt die junge Frau.

Acht Jahre schon, antwortet Martha und streicht das Kleid über ihren Knien glatt.

Der Zug erreicht die ersten Hochhäuser, die draußen auf den Feldern stehen.

Das ist Augsburg, sagt die junge Frau.

Der Zug verlangsamt sein Tempo, und Martha greift nach ihrem Köfferchen. Sie fährt dem Jungen übers Haar und lächelt der jungen Frau zu. Die junge Frau ist überrascht.

Nein, ich fahre nur bis Augsburg, sagt Martha.

Der Zug hält zwei Minuten, sie winkt zu dem Abteilfenster hinauf, hinter dem sie das Gesicht des kleinen Jungen entdeckt. Das Köfferchen in der einen und die Tasche in der anderen Hand, macht sie sich auf den Weg zur Innenstadt.

Es ist früher Vormittag. Die Kaufhäuser haben schon geöffnet, sie begegnet Hausfrauen beim Einkaufen.

Als sie den Friedhof erreicht und die Treppen an der Backsteinmauer zum Eingang hinaufgestiegen ist, spürt sie die Hitze des Tages. Fünfundzwanzig Grad im Schatten, hat der Wetterbericht angesagt.

Die Kieswege zwischen den Gräbern sind schattig und um diese Zeit fast leer. Eine alte Frau trägt Wasser in einer Gießkanne. Ehe sie zum Grab ihres Mannes geht, setzt sie sich auf eine Bank, stellt das Köfferchen neben sich ab, öffnet die Handtasche und nimmt ein Taschentuch heraus. Es ist weiß und mit einer schmalen Spitzenborte besetzt. Sie tupft sich winzige Schweißperlen von der Stirn.

Durch die alten Friedhofbäume geht ein Wind.

Sie erinnert sich, wie das Schreien der Schwiegertochter sie aus der Bewußtlosigkeit holte.

Aber ich war es nicht, hatte Martha gesagt, der Sohn redete aufgeregt auf sie ein. Dann ließ er sie ins Krankenhaus bringen.

Sie steht von der Bank auf, nimmt das Köfferchen und geht weiter. In den orthopädischen Schuhen werden ihre Füße nicht müde.

Sein Grab wird von der Friedhofsgärtnerei betreut. Es ist alles in Ordnung. Den Grabstein haben die Kinder für ihn ausgesucht. Martha setzt das Köfferchen ab und beugt sich hinunter, um einige verwelkte Blätter von den Stengeln zu nehmen, die sie zu dem Abfallkorb neben der Wasserstelle trägt.

In der Innenstadt kennt sie ein kleines Lokal, das nicht zu teuer ist. Dort ißt sie zu Mittag. Für die Rückfahrt benutzt sie den Bus. Er fährt länger und eine andere Strecke als die Bahn, sie mag die Landschaft, durch die er fährt. Sie ist frühzeitig am Bahnhof, um den Fensterplatz im Rücken des Busfahrers zu bekommen.

Manchmal hat sie Glück, und es setzt sich jemand neben sie, mit dem sie sprechen kann.

Sie kann sich nicht erinnern, wann er angefangen hatte zu trinken.

Wenn er betrunken war, schlug er zu. Die Kinder hatten das Haus verlassen, sobald sie erwachsen waren.

Am frühen Abend kommt sie nach Hause. Die Tür zur Bäkkerei steht noch offen.

Im Treppenhaus begegnen ihr Kinder, die zum Spielen in den Hof laufen. Sie stört sich nicht an dem Lärm, den sie machen. Während sie ihre Türe aufschließt, verläßt die Nachbarin gerade mit einer Einkaufstasche die Wohnung, grüßt und fragt: Gut von der Reise zurück? Sie ist Mitte vierzig, rundlich; gelegentlich macht sie kleine Besorgungen für Martha.

In der Wohnung ist es warm. Alle Fenster liegen zur Südseite. Ehe sie ins Zimmer geht, schaut sie im Briefkasten an der Rückseite der Türe nach. Sie nimmt die Reklame heraus, ein Brief aus Hamburg oder Toronto ist nicht dabei. Dann geht sie über den Flur in das Zimmer, legt das Köfferchen aufs Bett, klappt den Deckel hoch und nimmt das gerahmte Bild heraus. Sie hat das Hochzeitsfoto immer gut aufbewahrt. Sie packt die Wäsche, das Nachtzeug und die Schuhe aus und trägt alles zum Schrank; dort räumt sie es in die Fächer.

Sie war nicht unglücklich mit ihm, wenn er nüchtern war.

In der Küche setzt sie Wasser auf und nimmt die Butter aus dem Eisschrank, ehe sie ins Bad geht, sie brüht den Pfefferminztee auf und läßt ihn ziehen, während sie in den Morgenmantel schlüpft, danach trägt sie Tee, Butter und Brot auf einem Tablett ins Zimmer und setzt sich an den Tisch.

Sie bestreicht das Brot, gießt Tee ein, ißt langsam und blickt zum Fenster hinaus, wo der Himmel blaßblau geworden ist.

Sie fühlt sich wohl in diesem Zimmer, das sie vor zwei Jahren gemietet hat, weil sie nach der Entlassung nicht nach Augsburg zurückkehren wollte.

Von ihren Kindern war keines bereit, sie aufzunehmen.

Martha zeigte sich verständig.

Nachdem sie gegessen hat, schenkt sie sich eine letzte Tasse Pfefferminztee ein und trägt das übrige Geschirr in die Küche, spült ab und räumt auf.

Draußen hinter dem Fenster wird es dämmrig. Der Lärm von der Straße ist abgeflaut. Sie hat den Fernsehapparat eingeschaltet und trinkt mit kleinen Schlucken.

Sie weiß heute, daß sie nicht hätte zuschlagen sollen. Als er sich wehrte, hatte sie Angst und wich ihm aus. Er stürzte die Treppe hinunter, er schrie vor Schmerz, und er blutete.

Sie tötete ihn mit der Axt. Danach schrieb sie einen Abschiedsbrief für ihre Kinder und nahm eine größere Menge Schlaftabletten ein. Morgens wurde sie von ihrem Sohn und der Schwiegertochter gefunden.

Nach dem Wetterbericht legt sie sich schlafen. Sie hat das Bett schon für die Nacht vorbereitet. Ehe sie die Lampe ausknipst, blickt sie hinüber zu dem Sessel, der jetzt leer ist.

Das Gericht berücksichtigte in seinem Urteilsspruch das harte Schicksal der Angeklagten und verurteilte die Sechzigjährige zu fünf Jahren Freiheitsentzug.

Martha schließt die Augen und ist zufrieden.

Einmal im Monat ist es soweit, und sie bereitet ihre kleine Reise vor.

Adolf Muschg: Vorübergegangen und davongekommen

(1979 v)

Der Anfang war unbedeutend, ein Unwohlsein. Ich blieb einfach in der Kirche sitzen, als der Segen gesprochen war, Luft, dachte ich, nur Luft. Was kannst du bloß gegessen haben. Trockenfleisch, aber das hast du doch immer vertragen. Am liebsten hätte ich den Hut vors Gesicht genommen. Aber das paßt nicht zu mir, da hab ich die Leute lieber gleich ins Gesicht gegrüßt. Solang sie dich grüßen müssen, können sie die Mäuler nicht aufreißen. Warum soll einer nicht sitzen bleiben, wenn ihn die Predigt berührt hat. Da schäm ich mich nicht, auch wenn ich mich nicht fromm nennen möchte. Dorothee, das ist meine Tochter, hat sich grade noch konfirmieren lassen, dir zulieb, sagte sie, damit du nicht denkst, du hast was versäumt. Jetzt hat sie ihre Freunde, auf mich braucht sie keine Rücksicht zu nehmen, so weit sind wir noch lange nicht. Trockenfleisch, denk ich, kann's doch nicht sein. Fünf Minuten hab ich mir noch gegeben. Hugo, das ist mein Sohn, sieht es gar nicht gern, wenn ich am Sonntag zu früh komme, seine Frau, die Senta, sieht's erst recht nicht gern. Ich kann's verstehen, sie steht in der Küche und macht Umstände, meinetwegen. Aber die Kinder haben sich noch immer gefreut, sieben und fünf, die freuen sich regelmäßig. Denen könnt ich gar nicht früh genug kommen. In dem Alter läßt man sich noch was sagen. Der Organist war schon fertig mit dem Nachspiel, sogar die Glocken hatten ausgeläutet, und ich saß immer noch in kaltem Schweiß. Ein Schmerz war's gar nicht, eher so ein Grimmen. Nur das Allgemeinbefinden, der Allgemeinzustand. Der Sigrist klapperte schon mit der Kasse, wenn ich da noch was geben wollte, mußte ich aufstehn. Es ging auch ganz gut. Für die Ostasienmission. Was sollen wir da noch zu missionieren haben, erlöster müßten mir diese Christen aussehen, damit ich an ihren Erlöser glauben könnte. Das ist von Nietzsche. Es war komisch draußen, so viel Helle, ich sah plötzlich keinen Zusammenhang mehr und ging wie auf Wolken, aber es war nur das Allgemeinbefinden. Im Auto gibt sich das, hab ich gedacht. Außer meinem Opel stand nur noch der Simca des Pfarrers da. Ich will rückwärts rausfahren, da seh ich ein Gesicht im hinteren Fenster. Da drückt jemand die Nase an die Scheibe und hält sich beide Hände gegen die Schläfen. Ein Kind war's nicht. Ich trete im Leergang aufs Gas, aber die rührt sich nicht, die sieht sich nur weiter im Wagen um. Es war nämlich eine Frau, eine alte Frau. Das hat mir noch gefehlt, daß ich aussteigen muß. Suchen Sie etwas? frage ich sie, und sie sagt: Können Sie mir bitte sagen, wo ich bin? Die tickt nicht richtig, ist mein erster Gedanke, soll das ein Scherz sein, denk ich natürlich. Mager ist die Frau, schwarz und grau, aber sie hat was Verschmitztes im Gesicht. Bei der Kirche Oberstraß, sag ich, gute Frau, das ist die reformierte Kirche Oberstraß. Bitte? sagt sie, sie hört nicht gut, und ich sag ihr nochmals vor, klar und deutlich, wo sie ist. Ja, da bin ich gewesen, da bin ich zur Predigt gewesen, sagt sie. - Und wo müssen Sie hin? frag ich, wir verkehren in lautem Ton auf dem Parkplatz, ein paar Spaziergänger drehen sich nach uns um, und mir ist wieder elend, ich stütz mich auf die Wagentür. - Nach Hause, sagt sie. - Steigen Sie ein, sag ich, nach Hause, das kann nicht weit sein, in ihrem Alter, und sie steigt auch ein, als hätte sie auf nichts anderes gewartet. Vorsicht, sag ich, und angurten bitte. Das hört sie nicht und erschrickt, als ich ihr den Gurt über die Brust zieh, mein Gott, sie hat ein Kleid an, wie es zur Zeit meiner Mutter bei Begräbnissen Brauch war, Moiré und schwarze Schleier, vornehm sogar, nur zu kalt für einen Tag im April. Ich hab ja noch Zeit, denk ich, Hugo sieht es nicht gern, wenn ich zu früh da bin, Senta schon gar nicht, da fahr ich noch beim Krankenhaus vorbei, für Blumen, es gibt da sonntags immer den Blumenstand. - Wo wohnen Sie? ruf ich. Sie nickt, sie kramt in ihrer schwarzen Strohtasche und bringt zwischen Brille und Gesangbuch ein Tram-Abonnement zum Vorschein, eine Dauerkarte für Rentner, mit einem Foto. Da steht auch die Adresse drauf, Arabellastraße 15. Arabellastraße, Arabellastraße, nur gut, daß ich meinen Stadtplan immer dabei hab. Richtig, Arabellastraße, mein Gott, das ist ja am andern Ende der Welt, im Wasserfeld, wie kommt eine alte Frau aus dem Wasserfeld hier auf den Berg hinauf, und wie komm *ich* nachher wieder über den Berg, zu Hugo und Senta. Fährst die alte Frau zur nächsten Tramstation und übergibst sie dem Schaffner, denk ich, aber ich tu's dann doch nicht, schließlich bin ich der Jüngere. Wie sie so dasitzt, angeschnallt und die Hände gefaltet auf ihrer Tasche, versteht ihr, da kehrt eine Art Ruhe bei mir ein, oder ein Übermut. Deine gute Tat für heute, denk ich, vielleicht bist du auch noch mal froh.

Hinterm Metropol hab ich mich dann verfahren, wegen der Umleitung, ich fuhr gut zehn Minuten in einer Genossenschaftssiedlung herum, gelbe und rosa Blöcke, kein Mensch auf der Straße, überall roch's nach Mittagsküche, nach Fleischsuppe, aber dann hatte ich Glück und kam beim Kyburger Platz wieder raus, dahinter beginnt gleich das Wasserfeldquartier, es war eine merkwürdige Frühlingsfahrt, die Person fuhr mit ohne Lebenszeichen, als wäre für sie ein Weg so gut wie ein anderer. Das Gottvertrauen, hab ich gedacht. Aber ich hatte ja Zeit, und Konversation brauchte ich auch nicht zu machen. Kurz, oder auch lang, am Ende war da richtig die Arabellastraße, gediegen wirkte die auf den ersten Blick, ein Mehrfamilienhaus hinter dem andern, Backstein und frisches Grün, wenn man näher zusah, waren es doch eher alte Kästen, vierstöckig und mit Dachmansarden, Schieferdächer, der französische Stil. Die Frau sagte kein Wort, als wir vor Nummer 15 hielten. Ich stellte den Motor ab und rief: Sind wir da? Jetzt blickte sie um sich, als ob *ich* das Reiseziel ausgesucht hätte, und als ich ihr den Gurt löste, kletterte sie schnell aus dem Sitz, öffnete die Tür, stellte sich auf die Straße, atmete tief und sagte: Danke, ja, hier. – Irgendwas muß mich gehindert haben, sie die Treppe raufgehen zu lassen und Gas zu geben. – Hier sind alle Häuser so gleich, sagte sie, man muß sich auskennen. – Aber da wohnen Sie? – Da bin ich daheim. – Mit ein paar ungeduldigen Schritten ging ich voraus, die Treppe hinauf, und kriegte gleich einen Stich in die Brust. – Ja, das ist es, sagte sie hinter mir, mehr als einmal, und als wir bei den Briefkästen angekommen waren, beugte sie sich runter, zu einem grünen, und sagte: Hier wären wir! – Ich bück mich ebenfalls, ich brauche ja Luft, auf dem Papierschild stehen drei oder vier Namen, in Bleistift. – Wie heißen Sie, fragte ich, Bauert? – Brunschwiler, sagte sie, Lydia. – Hier steht aber Bauert, sage ich, Howald und Kyncl. – Und wie? fragte sie. Ich lese: Kyncl, sagte ich. – Nein, nein, sagte sie, hier wohnt kein Künzli. Ich habe diesen Briefkasten anno 56 selbst gekauft, neu. – Geben Sie mir nochmals Ihr Abonnement, sagte ich. Brunschwiler, Lydia, Arabellastraße, und die Nummer, alles stimmte. – Trinken Sie noch einen Tee bei mir, sagte die Frau. Ich sah auf die Uhr, in zwanzig Minuten hätte ich spätestens bei Hugo sein müssen. – Haben Sie ein Telefon? fragte ich. – Wie? sagte die Frau und lächelte, seit anno 27 habe ich ein Telefon, ich war die erste bei uns, die ein Telefon hatte. Sie haben noch einen weiten Weg, trinken Sie noch einen Tee mit mir, ich habe auch einen guten Sherry. Es war kurios, die Frau Sherry sagen und lachen zu hören, sie hatte noch alle Zähne oder ein teures Gebiß, ihr Mund wirkte jünger. – Die Tür ist offen, sagte sie und ging mir jetzt voraus, eine Treppe, zwei Treppen, und die Stiche kamen schon wieder. – Sie lassen die Tür offen, unsere Leute, sagte sie, bei uns ist nämlich noch nie etwas fortgekommen. Ich hörte auf einmal eine wüste Musik im Haus, Rockermusik, und an den Wänden hingen Plakate aus der Jugendstilzeit, nachgemachte jedenfalls. Als wir im zweiten Stock auf dem Podest standen, kramte die Frau lange in ihrer Tasche. Zu dumm, sagte sie, es scheint, jetzt habe ich doch die Schlüssel bei Emmy vergessen, dann muß ich bei Herrn Schertenleib klopfen, hoffentlich ist er am Sonntag zu Hause, er geht gern zu seiner Mutter. – Neben der Wohnung gab es rechter Hand noch eine Einzeltür, zu einem gefangenen Raum vermutlich, an der klopfte sie. – Auf der Karte da steht Salerno, sage ich, Salerno, nicht Schertenleib, sind Sie sicher, daß wir in der richtigen Etage sind? – Plötzlich hör ich in der Wohnung einen Wasserkocher pfeifen, drinnen geht eine Tür auf, und eine Gestalt geht hinter dem Milchglas vorbei. – Hier ist jemand, sagte ich. – Bitte? sagte sie und horchte immer noch an der Nebentür. Oh, sagte sie, dann muß das Eva sein, Eva kommt manchmal aufräumen, wie gut, dann kann ich läuten. Ich sah die Visitenkarte an der Tür wieder, Bauert, und darunter Howald, Kyncl, aber das Fräulein hat schon geklingelt, lang, kurz, lang, und wie lang! - Hee, hee, ruft eine Männerstimme von drinnen, im nächsten Augenblick geht die Tür auf, und ein bärtiger junger Mann in Trainingshosen steht darin, mit nacktem Oberkörper. - Sie wünschen? fragt er. Fräulein Brunschwiler sieht mich an, als erwarte sie von mir eine Erklärung. - Diese Dame, sage ich, meint, daß sie hier wohne. - Die Dame täuscht sich, sagt der Bärtige, aber das macht nichts, kommen Sie herein. - Jetzt zögerte die Frau nicht mehr, sie ging stante pede durch die Tür nach links und wieder rechts, was sollte ich tun, ich ging hinterher. Im Korridor stand ein riesiger Busch aus dürrem Schilf, und an der Wand hingen winzige Bilder, ich dachte erst, Farbfotos, aber sie waren gemalt, Öl, winzige grasgrüne Landschaften mit sonst nichts drauf, höchstens einer Wegspur. Das Zimmer, in das die Frau vorausging, war hoch, ganz weiß gestrichen und leer, bis auf eine Stereo-Anlage, eine breite Matratze auf dem Boden, ein Stehpültchen und ein paar Harasse voll Bücher, die meisten in einer fremden Sprache, Russisch war's nicht. An der Wand hing ein großes rotes Plakat mit weißen chinesischen Zeichen, und in einer Ecke lag ein Satz Hanteln, jetzt sah ich erst, daß der Mann selbst eine Hantel in der Hand hielt. - Auf dem Balkon sind Stühle, sagte er, er hatte lange, gepflegte Haare, legte die Hantel auf den Boden und begann sie zu stemmen. Ich weiß nicht, warum ich tatsächlich auf den Balkon ging, vielleicht wegen der Luft, es war mir wieder nach Luft zumute, und setzen wollte ich mich auch. Zwischen den gegenüberstehenden Häusern hindurch hatte man einen Blick auf das Wasser, den ziehenden Fluß, das Laub war noch dünn, und am andern Ufer spazierten Familien in den Anlagen. Die Rockermusik hatte grade aufgehört, das war eine Erleichterung. Als ich zurücksah, stand das Fräulein immer noch an einer weißen Wand, strich mit dem Finger über ein Stück Täfelung und prüfte den Anstrich. Dann kam sie zur Balkontür, schaute herum und sagte, ja, das ist mein Balkon, das sind meine Geranien. Sie ging an die Eisenbrüstung, beugte sich über die

Geranienstrünke, die grade ausschlugen, und drückte den Finger in die Erde. Man muß sie gießen, sagte sie, da ist ja auch die Kanne, sagte sie, hier kommt nichts weg, sagte sie, zog ein altes rotes Blechkännchen aus der Balkonecke und verschwand nach hinten. Der junge Mann stemmte immer noch die Hantel, zählte dazu durch die Zähne und hielt die Augen geschlossen. Bald war das Fräulein wieder da und begoß die Geranienstümpfe, einen nach dem andern, es ist etwas früh für draußen, sagte sie, aber bei der Sonne kann man es wagen. Dann setzte sie sich auf den zweiten Stuhl, einen Korbstuhl. Hier sitzt man immer gut, sagte sie. - Das ist Ihre Wohnung, sagte ich laut. - Nicht wahr, sagte sie und legte die Hände in den Schoß, es ist immer noch schön hier. Jetzt stand eine junge Frau in der Tür, sie hatte helle Jeans an und ein Leibchen, auf dem University of Nebraska stand. Gehört ihr zu Andy? fragte sie. Ich schüttelte den Kopf, ich kannte keinen Andy. Sie betrachtete mich aufmerksam. Soll ich Ihnen ein Glas Wasser bringen? fragte sie. - Danke, es geht bestens, sagte ich. - Wir haben Sliwowitz, sagte sie. Ich nickte. Als sie wiederkam, hatte sie ein Tablett bei sich mit einer Flasche ohne Etikett und vier Zahngläsern. Das Eis ist ausgegangen, sagte sie. Das heißt, sie haben uns den Strom abgestellt, darum.

Der junge Mann drinnen hatte aufgehört zu hanteln, er schien jetzt zu turnen, Freiübungen oder so etwas, aber mit sehr langsamen Bewegungen, und am Ende von jeder hielt er einen Augenblick still. - Schattenboxen, sagte das Mädchen zur alten Frau, die keinen Blick von dem jungen Mann wandte, das ist unheimlich gut für die Konzentration. - Nicht so viel, sagte das Fräulein, als ihr das Mädchen aus der Flasche eingoß, und blickte zu ihr auf. - Sind Sie von der Verwaltung? fragte das Mädchen. Ich schüttelte den Kopf, ich hatte grade wieder etwas Mühe, und prostete der alten Frau zu, auch der jungen. - Zufällig vorbeigekommen? fragte das Mädchen, sie war dunkelblond, etwas in ihrem Gesicht erinnerte mich an Dorothee, aber Dorothee ist nicht so kräftig, sie ist für so ein freies Leben nicht gemacht. Ich weiß es, aber sie will es erzwingen, weil sie so viele Jahre die Kleine gewesen ist. Ich konnte ihr die Mutter nicht ersetzen, ich war ja selbst schon über fünfzig, als sie kam, und sie hatte grade ihre Stelle verlassen, Krankenschwester, um nach Indien zu trampen, nach Indien oder noch weiter, mit einer Freundin, ich kenn diese Freundin nicht, man liest so viel in der Zeitung. – Zufällig nicht, sagte ich, wir sind nicht zufällig vorbeigekommen, sondern ich habe diese Frau nach dem Gottesdienst hierhergefahren, sie sagte, sie gehöre hierher, und es steht auch so auf ihrem Ausweis. – Das Mädchen betrachtete die alte Frau, die jetzt zu trinken begonnen hatte, sie beugte den Kopf ganz über das Glas, dabei hatte sie eine ruhige Hand. – Wie heißt du denn? fragte das Mädchen. Sie hört nicht gut, sagte ich, etwas verwirrt ist sie auch. – Hier gibt es schon lange keine älteren Leute mehr, sagte sie, die Häuser sollen abgerissen werden, da hat man den alten Mietern gekündigt, vor zwei oder drei Jahren. – Aber Sie wohnen jetzt hier, sagte ich. – Klar, uns läßt man hier wohnen, bis die Bewilligung kommt, für den Abbruch, aber wir sind solidarisch hier, so leicht kriegen sie uns nicht raus. – Was immer die alte Frau dachte, sie ließ sich nichts anmerken, sie blickte stumm über ihr Glas auf den Fluß hinab. – Andy, rief das Mädchen. Der Turner, oder Boxer, eigentlich war er klein und sehnig, holte das lange Bein zurück, das er nach hinten gestreckt hatte, zog die Arme wieder an den Leib, atmete mehrmals durch und kam auf den Balkon. Du könntest noch zwei Stühle holen, sagte das Mädchen, während sie ihm einschenkte. Er brachte zwei Küchenhocker, und jetzt hatten wir alle gerade Platz auf dem Balkon. Cheers, sagte der junge Mann. – Kennst du sie? fragte das Mädchen und meinte die alte Frau. – Aus diesem Leben nicht, sagte er und lächelte, er hatte einen Akzent. – Sind Sie hier alle so gastfreundlich, fragte ich. – Wieso denn das, fragte Andy, gastfreundlich. – Er hatte auch eine Redeweise, die mir unklar war, also schwieg ich jetzt, ich war ja froh, daß ich sitzen konnte. – Freundlich sind wir, sagte Andy, Gäste auch, wozu brauchen wir da noch gastfreundlich zu sein, das klingt ja wie katzenfreundlich. – Ich fragte nicht weiter, was er arbeite, vielleicht war er Gymnastiklehrer oder gehörte zu einer Sekte, also fragte ich das Mädchen, wie sie heiße. –

Monika, und ihr? fragte sie. Das war mir ungewohnt, also sagte ich Weiß, Bruno, den Doktor ließ ich weg, ich bin nur Ingenieur. Und die Papiere dieser Frau lauten auf Lydia Brunschwiler. - Bruno, sagte das Mädchen prüfend, der Name paßt zu dir, ihr seid also zum ersten Mal zusammen, ihr habt euch grade kennengelernt. - Nicht gerade, sage ich, kennengelernt nicht gerade, was ich darunter verstehe, sondern die Dame stand nach dem Gottesdienst in Oberstraß auf dem Kirchplatz herum und fand ihren Weg nicht mehr, sie hatte eine Absenz, auf ihrem Abonnement stand, sie wohne Arabellastraße 15, und das ist hier. - Du hast sie also kennengelernt, sagte der junge Mann mit dem Bart, warum wehrst du dich dagegen? Und als sie den Weg nicht mehr fand, hast du ihr etwas Liebes getan. - Ich habe sie gefahren, ja, chauffiert, sage ich, aber die Adresse war doch nicht richtig, wie ich sehe, und ich muß schon längst weiter, ich werde erwartet. - Was immer du mußt, das willst du auch, sagt das Mädchen. - Habt ihr ein Telefon? frage ich. - Gehabt und nicht bezahlt, sagt Andy, also hat es uns nicht mehr, das Telefon. - Einen Augenblick erschrak ich, beim Gedanken, daß Hugo und Senta mit dem Mittagessen auf mich warteten, vielleicht dachten sie, es sei mir etwas zugestoßen, jedenfalls war Senta böse, weil alles kalt wurde. - Fräulein Brunschwiler, sage ich laut, denn mir kommt eine Idee, wie war der Name Ihrer Schwester? - Schwester? sagte sie, da sind viele Schwestern, welche meinen Sie? - Die, bei der Sie Ihren Schlüssel vergessen haben, sage ich, den Schlüssel zu dieser Wohnung. - Das ist ja gar nicht mehr meine Wohnung, sagt sie, aber ich bin immer noch lieber hier als anderswo, nach bald fünfzig Jahren. - Hieß ihre Schwester nicht Erika, sage ich, und wie noch? - So heißt sie immer noch, sagt das Fräulein, aber nicht Erika, sondern Berta, wenn Sie die ältere meinen, und Emmy, das ist die kleine. - Richtig, Emmy, sage ich, Emmy heißt sie, Emmy Brunschwiler. - So hieß sie als Mädchen, sagt sie, daß Sie sich daran noch erinnern. Sie war ein Wildfang. - Und wie heißt sie jetzt, frage ich, Emmy, und wie noch? - Emmy ist verheiratet gewesen, ja, sagte das Fräulein, mit Oskar, aber das war ein kurzes Glück. - Und wie hieß

Oskar? frage ich. – Oskar war immer der gleiche, lacht das Fräulein, Maurer ist er gewesen, Maurermeister von Beruf, aus St. Gallen, ein braver Mann, geschont hat er sich nicht, das war sein einziger Fehler, sie hatten schöne Zeiten miteinander, bevor die schweren kamen, wer hätte gedacht, daß Emmy so früh gehen mußte. – Emmy ist gegangen, frage ich, wohin ist sie gegangen? – Sie ist am rechten Ort, sagte das alte Fräulein, alle eure Sorgen werfet auf ihn, sie hat ihre Ruhe verdient. – So viel war also klar, diese Emmy war tot, es hätte nichts geholfen, wenn ich ihren Familiennamen herausbekommen hätte, aber wohin das Fräulein gehörte, das war mir nun immer weniger klar. Plötzlich packte mich eine Müdigkeit, die nicht mal unangenehm war, nach der Fahrt und der heimlichen Angst, warum sollte ich hier nicht ebensogut sitzen bleiben wie an einem andern Ort, in der Sonne, die grade kräftiger schien. Und das Mädchen, das mich einerseits an Dorothee erinnerte, sagte, es sei gar nicht so schlecht, wenn man eines Tages den Weg nicht mehr wisse, damit habe es bei ihr auch angefangen. Ich erzählte, daß ich eine Tochter habe, Dorothee, vielleicht kannte sie sie sogar, Dorothee verkehrt ja in Wohngemeinschaften und so, und ich gab ihr den Familiennamen an, Weiß, aber es half nichts, sie kannte zwar eine Dorothee, aber es war eine andere. Erzähl doch weiter, sagte das Mädchen, und so redete ich halt, statt Hugo und Senta zu avisieren, redete von Dorothee, wie still sie gewesen war, bis sie eines Tages plötzlich nicht mehr still sein konnte, bis sie mich angeschrien hatte trotz unseres guten Verhältnisses und ausgezogen war, wie sie das Studium abgebrochen hatte, Romanistik, um zu pflegen, und wie sie dann auch mit dem Pflegen Knall und Fall aufgehört hatte und verreist war, nach Indien oder weiter. – Du möchtest sie kennenlernen, sagte Monika. – Die Jazzband, oder was es war, hatte wieder zu heulen angefangen, der junge Mann verschwand und kam mit einem Teller voll Trockenfleisch zurück und geschnittenem Brot, dazu brachte er Mineralwasser. Das Trockenfleisch war mir nicht bekommen, das sagte ich auch, und Monika meinte, wenn ich keine Lust habe, brauche ich nicht zu essen. Das alte Fräulein belegte sich ein Brot mit Trockenfleisch und biß hinein wie eine Junge. Andy sagte, du brauchst sie nicht festzuhalten, damit tut ihr euch nur weh, er meinte Dorothee und mich. Wer sich einmal richtig fallen lassen könne, der gehe nicht mehr verloren. In der Predigt war auch so etwas gesagt worden, aber diesmal kamen mir die Tränen, glaube ich. Das alte Fräulein kaute und redete von ihren Schwestern dabei, jetzt hörte ich nicht mehr zu, ich saß in der Sonne und hörte diese laute Musik, und die Aussicht auf den Fluß war auch noch da. Jedenfalls nahm ich dann von dem Trockenfleisch, jetzt war es mir egal, und ich hatte Hunger. Der junge Mann legte mir einmal die Hand auf den Arm. Es gefällt dir nicht im Altersheim, sagte Monika, was habe ich mit dem Altersheim zu tun, dachte ich, aber dann sah ich, wie Lydia den Kopf schüttelte, es ist so weit weg von allem, sagte sie, und ich kenne niemand, nicht einmal die Schwestern. – Wie weit ist es denn weg, fragte Monika leise. In Oberstraß, sagte die alte Frau, auf einmal verstand sie jedes Wort, und jetzt weinte sie auch. – So bleib doch ein wenig bei uns, sagte Monika, da hatte ich mich wieder gefaßt, ich muß weiter, sagte ich und stand auf, ich muß wirklich weiter, Hugo, das ist mein Sohn, der hat es nicht verdient, daß ich nichts mehr von mir hören lasse, und Senta auch nicht, sie gibt sich immer solche Mühe, und sie haben nette Kinder. – Du bist frei, sagte der junge Mann fröhlich, geh oder bleib. – Nein, hörte ich die alte Frau sagen, sie könne auch nicht mehr bleiben, das letzte Mal habe die Polizei sie gesucht und gefunden, und die Schwestern seien traurig gewesen, traurig wolle sie niemand machen, die gäben sich eben auch Mühe. – Ich setzte mich wieder, wir saßen alle noch eine Weile, die alte Frau nahm noch ein zweites Stück Brot, diesmal zerriß sie es in kleine Stücke. Sie habe ja auch die Zahnbürste nicht da, sagte sie, und die Tabletten, eine vor jedem Essen, und wenn sie nicht zum Tee komme, dann werde geschimpft, sie gehe doch lieber mit diesem Herrn. Wir tranken noch einen Pulverkaffee auf dem Balkon, dann wurde es plötzlich kühl, ob die noch musizierten, weiß ich gar nicht mehr, danke vielmals, sagte ich, kommen Sie, sagte ich zu der alten Frau, wenn das Altersheim in Oberstraß ist, werden wir es schon finden, da sind wir ja hergekommen. - Die jungen Leute haben uns nicht zum Auto begleitet. Wenn es euch Spaß macht, kommt ihr wieder, sagte das Mädchen.

Wir sagten nicht viel, als wir durch die ganze Stadt zurückfuhren, das heißt, sie redete in sich hinein, Dorothee, verstand ich, aber da hatte ich mich wohl verhört, sicher war sie wieder etwas verwirrt. Was soll ich euch sagen, das Altersheim war keine zweihundert Schritt von der Kirche entfernt, wo ich die Frau aufgenommen hatte, ein feines Gebäude, im schwedischen Stil. Wo haben Sie sich denn herumgetrieben, fragte die Heimleiterin, sie schnitt ein freundliches Gesicht, schließlich hatte ich mich als Doktor vorgestellt, nur Ingenieur, sagte ich, wir haben eine Spazierfahrt gemacht, ich bin ein Wüstling. - Es ist das dritte Mal, daß wir Fräulein Brunschwiler vermissen, sagte die Dame, jetzt wird es krankhaft, und als ich ihr ein Zeichen machte, sagte sie, keine Angst, sie hört nicht mehr gut. - Sie hört noch sehr gut, sagte ich, aber da war die alte Frau schon ohne einen Gruß weiter ins Haus gegangen, es war da drinnen alles grün, Philodendron. - Bisher war sie ja harmlos, sagte die Dame, aber jetzt fängt sie an, sich selbst zu gefährden. - Ich glaube nicht, sagte ich, und wo ist ein Telefon, bitte. - Hier in die Kabine, sagte sie und drehte sich um, sie fragte nicht einmal mehr, ob ich Kleingeld habe.

In der Kabine ist es dann passiert, als ich Sentas Stimme hörte, jetzt warten wir schon seit zwölf Uhr, sagte sie, wir haben natürlich essen müssen, schon wegen der Kinder, was ist denn in dich gefahren. - Ich glaube, ein Herzinfarkt, sagte ich, und genau das war es, in der Kabine wurde mir plötzlich eng wie nie, das war dann richtig ein kleiner Herzinfarkt. So ist das gekommen, aber mit dem Trockenfleisch hatte es nichts zu tun, heute esse ich wieder Trockenfleisch wie nichts. Es ist ja noch einmal gutgegangen. Ich denke nicht dran, das Haus aufzugeben, ich hüte es, bis Dorothee zurückkommt, es soll ihr gehören, wenn sie zurückkommt, und wenn sie nicht zurückkommt, sie kann damit machen, was sie will.

Hans Joachim Schädlich: Am frühen Abend

(1985 e)

Am frühen Abend des achtundzwanzigsten Februar betrat der junge Handelsreisende Saller die kleine Halle des Bahnhofs von Schwäbisch-Hall, einem Ort in der Nähe Stuttgarts.

Die Luft ist um diese Zeit kalt, so daß Saller die Helle und Wärme der kleinen Halle willkommen war. Er sah, daß auf dem steinernen Fußboden vor dem Ofen ein Mann lag. Saller gab sich den Anschein, als achte er nicht auf den Schlafenden. Er betrachtete den Fahrplan, suchte die Abfahrtszeit des Zuges, mit welchem er in das nahe Stuttgart fahren wollte, sah auf die Uhr über der Tür und warf einen schnellen Blick auf den Mann. Saller bemerkte, daß der Mann sich den Anschein gab, als bemerkte er Saller nicht.

Saller setzte sich. Zu seiner Linken hatte er den halbwachen Mann im Auge.

Bis zur Einfahrt seines Zuges waren es noch sieben, bis zur Abfahrt acht Minuten. Saller rechnete zwei Minuten für den Weg zum Bahnsteig. Sechs Minuten kann ich ausruhen, sagte er.

Der Mann sagte nichts.

Saller sah das strähnige, wirre Haar des Mannes, die schmutzigbraune Haut des Gesichts, den schütteren Vollbart, die fleckige Joppe, deren Knöpfe fehlten, die schmutzig-schwarzbraune Haut der Hände, die schmierige Hose, die nassen Halbschuhe.

Saller sagte auf gut Glück, Es ist zu kalt auf dem Steinfußboden.

Der Mann öffnete die Augen, sagte, Ich wollte am Ofen stehen, aber die Beine, die verdammten, tragen mich nicht mehr. Ich bin zusammengesackt. Ich habe Beine, ganz kaputt. Wund. Die Wunden groß wie meine Hand.

Auf der Bank wäre es besser für Sie, sagte Saller und zeigte auf den Platz neben sich.

Aber wie hinkommen, sagte der Mann.

Ich könnte Ihnen helfen, sagte Saller.

Aber Sie können mich nicht tragen, sagte der Mann.

Nein, sagte Saller.

Ich hab mir was gebettelt in Schwäbisch-Hall, sagte der Mann. Aber nicht viel. Leute, fromm und geizig.

Wo wollen Sie hin, sagte Saller.

Wo will ich hin, sagte der Mann. Wohin soll ich wollen. Ich bin hier.

Hier können Sie nicht bleiben, sagte Saller.

Wie soll ich weg? Allein schaff ich es nicht. Mir hilft kein Gott und kein Bulle. Und wenn ich drei Mal schrei, Herzlieber Jesu mein.

Sie brauchen einen Arzt, sagte Saller.

Du redest, wie du's verstehst. Wie klein Moritz, sagte der Mann. Bezahlst du den Arzt?

Nein, sagte Saller. Einen Notarzt.

Hatte ich schon, sagte der Mann. Hat leise gesagt zu mir, Dreckskerl elender.

Sie müssen in ein Krankenhaus, sagte Saller.

Und wo?, sagte der Mann.

In Stuttgart, sagte Saller.

Bravo!, sagte der Mann. Darauf noch 'n Asbach uralt. Ich schaff's nicht bis zu deiner Bank, der Doktor faßt mich nicht an, die Bullen rollen mich aus'm Bahnhof und der liebe Gott selig pfeift auf mich. Nee, Märchen glaub ich nur noch meine eigenen.

Saller schwieg.

Der Zug nach Stuttgart fuhr ein, Saller stand auf, sagte, Auf Wiedersehen! und ging auf den Bahnsteig.

Der Mann sagte, Er hilft mir auch nicht.

Hans Joachim Schädlich: Unter Wegen

(1987 v)

1 Ketzel ist in die Irre gegangen

Auf dem Weg, der breit war, aber – jedoch unmerklich, jedenfalls unerkennbar für Augen, da Biegungen zahlreich

Hindernis lieferten – anstieg für Füße und Beine durch die Stadt, welche Schilder aufgestellt, daß die Häuser bewohnt seien von ARAG, Veedol, Pentax, Gesichter ausgeschickt hatte, daß sie vertraute Gesichter wären, fand er das Haus, in welchem er wohnen sollte, berührt, furchtlos, nicht.

2 Ketzel schweigt

Am Arm des Freundes kann er noch gehen auf ebenem Weg im Tal, seinen Kopf zieht er ein, die Augen schließt er, seinen Rücken beugt er, die Beine schleppt er zum Behelf vorwärts, die Schritte kurz wie die Länge der Füße, die Sohlen streifen immer den Boden, hört er den Freund sagen, der Berg am Rand des Tals, ein felsiger Berg, der die Höhe von eintausend Menschen hat, der bedeckt ist von Schnee, der Schnee ist weiß, über dem Berg ist der Himmel haltlos, über dem Himmel ist die Sonne unausweichlich, sei schön.

3 Ketzel verschüttet Suppe

An einem Tisch in der Ecke des Speiseraums, in welchem an einem Tisch in der Mitte Herr Kloss sitzt, der beklagt, daß er vergessen hat, im häuslichen Schwimmbad einen Föhn für das Haar seiner Frau montieren zu lassen, sitzt Ketzel gekrümmt, hält den Löffel mit Mühe, löffelt die Suppe, die ihm helfen soll, aber einige Suppe verschüttet er auf dem Weg zum Mund, die Serviette, die abweisend gefaltet ist, entfaltet er langwierig, wischt sich das Kinn ab, die Serviererin lächelt noch nachsichtig, Herr Kloss, der ein unvollkommenes Schwimmbad besitzt, sieht zu Ketzel hin, ob der den Wert des Raumes, in dem Herr Kloss speist, mindere.

4 Ketzel geht aus dem Haus

Er trägt braune Halbschuhe, eine dunkelbraune Hose, ein hellbraunes Hemd. Hundert Meter vor dem Haus ist ein Wald, bergauf. Zwischen Haus und Wald liegt der Schnee, der in der Nacht gefallen ist und immer fällt, so hoch, daß der Rand der Halbschuhe unter dem Schneerand liegt. Nach zwei Schritten ist der Schnee über den Rand der Halbschuhe in die braunen Schuhe gefallen. Nach drei Schritten liegt Schnee auf den Schultern des hellbraunen Hemdes. Der Rand des linken dunkelbraunen Hosenbeins war schneeig nach dem ersten Schritt, der Rand des rechten nach dem zweiten. Auf dem Kopf trägt Ketzel schwarzes Haar, auf welchem, wie auf den Schultern des Hemdes, Schnee liegt nach drei Schritten. Der Schnee, der auf dem Haar besser liegenbleibt als auf der Haut, liegt nach zehn Schritten auf den Händen, die Ketzel nicht in die Taschen steckt, auf der Stirn, den Augenbrauen, der Nase, den Wangen, dem Mund, dem Kinn, den Ohren. Für einhundert Meter im Schnee vom Haus zum Wald braucht Ketzel einhundertfünfzig Schritte. Nach zwanzig Schritten liegt Schnee auf der Hemdbrust, auf dem Hemdrücken, auf den Hosenbeinen vom Knöchel bis zur Hüfte. Der Schnee fällt senkrecht aus der Wolke. Nach dreißig Schritten ist die Schneehöhe auf Ketzels Haar, Schultern, Hemdbrust, Hemdrücken, Hosenbeinen, Stirn, Augenbrauen, Nase, Wangen, Mund, Kinn, Ohren zwar verschieden. Von den Hosenbeinen fällt etwas Schnee ab. Auf der Stirn, der Nase, den Wangen, dem Mund, dem Kinn, den Ohren schmilzt etwas Schnee. Von den Händen fällt etwas Schnee ab, etwas Schnee schmilzt auf den Händen. Nach dem vierzigsten Schritt leckt Ketzel den Schnee von den Lippen. Etwas Schnee schmilzt auf den Schultern und auf dem Hemdrükken. Nach einem Drittel der Schritte, die Ketzel braucht, läuft Schmelzwasser von der Stirn in die Augen. Ketzel wischt mit der linken Hand den Schnee vom rechten Handrücken. Er wischt die Augen mit dem rechten Handrücken aus, zuerst das rechte Auge. Die Kälte des Handrückens treibt Tränen, die sich mit dem Schmelzwasser mischen. Auf dem linken Handrücken ist Schnee liegengeblieben. Auf den rechten Handrücken fällt frischer Schnee. Nach sechzig Schritten schmilzt etwas Schnee im Nackenhaar. Das Schmelzwasser läuft zwischen Hals und Hemdkragen. Seit mehreren Schritten ist etwas Schnee geschmolzen und schmilzt etwas Schnee, der über den Rand der Halbschuhe gefallen war und fällt. Nach siebzig Schritten schmilzt etwas Schnee auf dem Kopf auf dem schwarzen Haar. Von oben sieht Ketzel nach achtzig Schritten, obwohl etwas Schnee von Ketzel abgefallen ist und abfällt und obwohl etwas Schnee auf Ketzel geschmolzen ist und schmilzt, weiß aus. Nach neunzig Schritten, da Kopf, Hals, Schultern, Rücken, Brust, Arme, Hände und Füße naß sind von kaltem Schmelzwasser und befallen von kaltem Schnee, friert Ketzel. Zwar frieren Ketzels Kopf, Hals, Schultern, Rücken, Brust, Arme, Hände und Füße, aber es friert *ihn*. Nach hundert Schritten, die Ketzel, wären es Ein-Meter-Schritte gewesen, bis zum Waldrand gebracht hätten, ist Ketzels Körper weiß außer unter den Achseln. Also Gesicht, Innenseiten der Arme und Beine, Inneres der Ohren sind *auch* weiß. Ketzels Augen, die braun sind, noch abgerechnet. Der Schnee fällt nach einhundertzwei Schritten dichter als einhundert Schritte zuvor. Viele Flocken sind kirschgroß, viele, aber weniger, sind rosenblattgroß. Blattartig fallen alle. In die Fußstapfen Ketzels ist etwas Schnee, etwas mehr Schnee und viel Schnee gefallen. Die Fußstapfen, die am weitesten hinter Ketzel liegen, sind bis zum Rand mit Schnee gefüllt. Die Ränder sind noch sichtbar, aber kaum. Nach einhundertzwanzig Schritten, nahe am Wald, bleibt Ketzel stehen. Er sieht, daß unter den Bäumen, die eng nebeneinander stehen, kaum Schnee liegt oder kein Schnee. Ketzel möchte in den Wald laufen. Es sind nur noch dreißig Schritte. Die Schneeflocken fallen in großer Zahl, aber nicht mehr blattartig. Sie fallen schnell. Die Schneeflocken, die dicht und schnell auf Ketzel niederfallen, sind nicht zu unterscheiden. Der Schnee, der fällt, sieht wie der Schnee aus, der liegt. Ketzel, der von Schnee weiß ist, steht in dem Schnee, der liegt, und in dem Schnee, der fällt. Die Fußstapfen sind schneegefüllt. Ketzel, der im Schnee steht, sieht wie Ketzel aus, der im Schnee liegt.

Gerold Späth: Hermann Ehrler

(1980 v)

Wenn es vorkam, daß mir das Mädchen auf einer Reklame (meistens farbig) gefiel, dann ließ ich herausfinden, wo und wie und so weiter. Ich brauchte keine Rücksichten zu neh-

men, ich hatte eine Großgärtnerei mit einem Umsatz von X Millionen p. a. Das ergab sich dank meinem unternehmerischen Einsatz. Ich konnte nur zwei Mal bei solchen Reklamephotomodellen nicht landen, alle andern konnten gekauft, genossen und geschluckt werden.
Mein Leben bestand aus härtester Arbeit, dafür aber auch genügend Entspannung zur Abwechslung.
Meine Frau brauchte darunter (ehelich) nicht zu leiden. Wir hatten drei Söhne, die das Geschäft jetzt führen.
Ich war erst dreiundfünfzig, als ich (an einem Herzinfarkt) starb. Das war zu früh, aber ich hinterließ trotzdem ein gut auf- und ausgebautes Lebenswerk.
Gerade weil ich so früh starb, hatte ich bezüglich des Lebensgenusses doppelt recht. Ich konnte es mir leisten, und ich habe dafür hart gearbeitet. Mein Geschäft ist mein Werk. Ich fing mit nichts an und hörte mit Millionen auf.

Gerold Späth: Pater Vitalis Wolf

(1980 v)

Wir sind eine Kleinstadt und sind doch keine Kleinstadt mehr.
Wir kennen einander nicht.
Wir helfen einander nicht - wie sollten wir!
Wir treiben Handel und Händel miteinander auf unsere Kosten und zu unseren Gunsten: auf Kosten unserer Herzen, Drüsen, Hirne, Nerven.
Wir erpressen einander daumenschraubenkorrekt mit Papieren, Plänen, Unterschriften und meist untadeligem Geschäftsgebaren bis aufs bittere Blut.
Wir lieben einander nicht und wir fürchten einander und wir fürchten die Nacht, aber zu Haß will es uns nicht reichen: kein einziges böses Gelächter.
Nur mieses Gemunkel, fieses Gegrinse, lautes Gerülpse.
Es nützt nichts, zu beten, die Lügen werden sauer.
Fröhlichkeit müßte hier Wurzeln treiben, sonst entsprießt nie ein neuer Himmel.

Ich bin alt. Ich sage nichts mehr. Ich schweige. Man vermißt meine Predigten, sagt man mir.

Gerold Späth: Johann Heinrich Allemann

(1980 v)

Wenn ich ringsum schaue, sogar unter Kollegen, höre ich meistens nur Gejammer. Ach, dieser grauenhafte Tramp ein Leben lang! Jeden Tag in aller Frühe aufstehen! Den ganzen Tag die gleichen grauen Gesichter! Am Abend halb lahm und halb tot und doch immer nur der gleiche Leerlauf! Ein Leben lang macht man sich kaputt für nichts und wieder nichts letztenends! Sorgen und Krampf und Kummer und man muß noch froh sein, wenn man gesund bleibt dabei!

Diesen ewigen Jammerbojen sage ich: Ihr seid hier am falschen Ort. Was habt ihr euch denn gedacht. Ich bin auch Arbeiter, ich verdiene auch zehnmal oder hundertmal weniger als die Bosse, aber ich weiß was ich tue. Ich bin der Mann vom Fach. Ich bin nicht unersetzlich, aber solange ich da bin, ersetzt mich keiner schon gar kein Boß, drum bin ich da. Soll ich mir wünschen, ein Ziegenhirt in der afrikanischen Steppe zu sein? Nehmt eure Probleme in die Hand, Leute, und hört auf zu träumen. Ihr könnt euch wehren, der Neger nicht. Davonlaufen geht nicht und gilt nicht, Leute! Ich bin 62, ich weiß aber, was ich nach der Pensionierung tun werde. Ganz sicher nicht vor Langeweile versauern. Ich bin Werkmeister bei der Ziegler AG. Präzisionsmaschinen. Die Firma ist gut ausgebaut und durchorganisiert, das Klima ist normal, Probleme gibt es in jedem Betrieb. Der oberste Chef hat in seinem Leben mehr Pech gehabt als andere, da hat ihm sein ganzes Geld nichts genützt. Er ist in meinem Alter. Jahrelang Weibergeschichten zuerst, und neuestens pilgert er zu indischen Scharlatanen. Früher war er eine Zeitlang ein verrückter Rösseler, bis der Tierschutz das abgestellt hat. Er ist einer, der ersetzt werden kann, er ist eigentlich schon ersetzt. Er kümmert sich um nichts mehr. Der Betrieb gehört ihm, aber das ist auch alles. Im

Betrieb haben andere das Sagen, nicht zuletzt die Werkmeister. Ich lasse mich nicht in die neumodische Miesmacherei hineinschwatzen. Ich habe meinen Posten und meine Arbeit und Verantwortung. Die Misere kommt erst, wenn die Arbeit fehlt, und dann ist es erst recht nicht getan mit Klagen und Stöhnen. Von nichts kommt nichts.

Gerold Späth: King

(1980 v)

Ich bin ein Penner. Ich kann nichts dafür. Paß du selber auf. Stadtstreicher. Ein richtiger Stadtberber. Tuareg. Da gibts nix. Man ist vor genau zwölf Jahren daheim abgetanzt. Es machte keinen Spaß mehr. Meine Schnauze war voll gewesen. Natürlich will jeder zurück. Auch wenn ers nicht zugibt will er zurück. Wohnung und automatisch Essen und das Bett und Geld. Aber es ist auch Scheiß. Ich kenne alle guten Pennen. Alle wos automatisch gutes Essen gibt für einen Schein. Ganz anständig. Scheine gibts beim Pfarrer oder aufm Amt. Plus einen Zwickel oder n Fünfermann. Ich saufe nur den schönsten Wein und den besten Südseerum. Die Toten werden immer mehr. Immer mehr Tote flüstern auf die Lebenden ein. Es ist immer schwieriger für uns. Eines Tages werden nur noch die Toten reden. Wir automatisch nur noch Medien wie in den Zauberbuden aufm Rummelplatz. Alles eingeflüstert und einander nicht mehr anhören weil die Ohren bei den Toten sind und zum Schluß wir auch. Nach und nach hört dann das Geflüster auf. Da staunste nicht schlecht. Ich kann auch denken. Ich sage dir dann wird es still sein. Wenns je von den Menschen abhing daß es still ist kann ich dir sagen. Jetzt bin ich besoffen. Ich bin der Mann mit der eisernen Stimme. Mein Name ist King mit K wie Krieg. Das Leben ist furchtbar aber sonst gibt es nix. All men are dying. Ich bin einundfünfzig und seit zwölf Jahren auf Platte. Ich will nicht wissen wer du bist.

Gerold Späth: Lothar Ott

(1980 v)

Zu meinem Leben ist zu sagen, daß es bis jetzt ziemlich genau nach Plan verlief. Die Ausbildung bereitete keine Schwierigkeiten, das Ziel war von Anfang an klar, auf meine Qualifikationen brauche ich nicht näher einzugehen. Ich bin Rationalist, möchte aber meinen Charakter mitnichten als trocken oder ungesellig bezeichnen. Ich bin im Gegenteil kein Kostverächter, reise auch gern, weiß durchaus Freizeit von Arbeit zu trennen.

Als in der biochemischen Forschung tätiger Wissenschaftler stehe ich, was den Menschen und diese Welt betrifft, an vorderster Front. Ich zweifle nicht daran, daß es uns gelingen wird, Vorgänge in den Griff zu bekommen, die den meisten von uns noch vor wenigen Jahren völlig unerreichbar schienen. Eine Binsenweisheit, aber neue Resultate müssen sie immer wieder neu bestätigen.

Das spezielle Wissen gerade auf meinem Gebiet, wo unerhörte Zusammenhänge sichtbar und erklärbar werden, gibt einem manchmal das Gefühl, man sei ein Elitemensch. Ich bin mir aber bewußt, daß sowohl sehr viel wie auch sehr wenig, nur eine dünne Wand, zum Beispiel ein Autounfall mit unglücklichem Ausgang, ich denke etwa an Hirnschädigung und bleibende Debilität, mich vom primitivsten Menschen trennt. Aber an sich ist der Mensch fähig, seine Probleme in seinem beschränkten Raum im Kosmos zu lösen, vielleicht nicht für alle, aber für die meisten, für sehr viele. Das ist mein Standpunkt, der natürlich genauer zu begründen und weiter auszuführen wäre. Mehr kann ich aber in diesem Rahmen dazu nicht sagen.

Gerold Späth: Adele Widmer

(1980 v)

Ich gebe gern zu, daß ich in meinem Leben bis jetzt viele Chancen gehabt habe und eigentlich immer Glück. Ich wurde als Kind wohlhabender, für die Verhältnisse hier sogar reicher Eltern geboren und hatte darum, aber auch weil ich doch ziemlich überdurchschnittlich intelligent bin, nie Schwierigkeiten. Seit meiner Heirat wohne ich in dem Haus, das ich von meinen Eltern zur Hochzeit geschenkt bekommen habe. Mein Mann ist Geschäftsführer bei meinem Vater. Kinder will ich jetzt noch nicht, später vielleicht. Man muß den echten tiefen Wunsch nach Kindern spüren, sonst ist das eine schlechte Sache. Das ganze Leben liegt ja noch vor mir. Ich wäre gern manchmal zwischendurch ein Tier, das den Leuten plötzlich etwas wegschnappt, den halben kleinen Finger oder eine Zehe, beispielsweise ein Piranha, wie ich sie auf der Hochzeitsreise im Amazonas gesehen habe. Ich würde im See vor den Strandbädern in der Tiefe lauern, oder als Wolf, perfekt getarnt, in der Nacht in den Gassen auf den letzten betrunkenen Spätheimkehrer warten und ihm im Sprung ein Ohr abzwacken. Tiefenpsychologisch mag das viel bedeuten, ich brauchte mich jedoch Gott sei Dank noch nie zu sehr um diese oder jene Meinung zu kümmern. Das ist viel wert, es macht selbständig.

Gerold Späth: Mario Grolimund

(1980 v)

Lehrling. Automech. Raucher. 9 Jahre Schule, 2,5 Jahre Gewerbeschule, jetzt noch ein halbes Jahr Lehre. Dann Abschluß. Ein Scheißberuf. Anderer Leute Schlitten reparieren. Psychovehikel. Ölen und schmieren und päppeln und pützeln, dem Teufel ein Ohr ab und den Schwanz wichsen. Weil gerade diese Lehrstelle frei war, sonst wäre ich vielleicht Velomech oder Setzer geworden. Ich warte nur darauf, 20 Jahre alt zu werden und ein paar Tausender zusammenzubekommen. Dann hat mein Vater nichts mehr zu sagen. Ich kann selber bestimmen und ab nach Amerika. Kalifornien. Mit Sprachen habe ich wenig Probleme. New Zealand und überhaupt Australien kommen vielleicht später in Frage, sind jetzt noch zu weit weg von der Hauptstraße. Am liebsten wäre ich ja aufs Gymnasium gegangen, aber dazu hat es meinem Alten nicht gereicht. Zu wenig Einsicht, nicht zu wenig Geld. Wer redet, weil er etwas weiß und zu sagen hat, ist bei ihm ein dummer Schwätzer. Ich hole mir ein Touristenvisum und reise über New York, Atlanta, New Orleans, Dallas, damit ich zuerst etwas vom Land sehe. Schluß mit diesem verklemmten Kleinkram hier. Ich will mich nicht schon mit 25 in Schlaflosigkeit wälzen. Im Sorgensumpf zu suhlen ist ganz und gar nicht meine Lust. Aber die wollen einen zwingen, sie wollen es dir mit Teufels Gewalt so vergiftet machen, wie es ihnen gemacht worden ist. Sie haben nie gelernt, sich zu wehren, und jetzt denken sie, du seiest wie sie. Das verschissene 19. Jahrhundert vergiftet die Welt. Wenn du nicht abhaust, erwischen sie dich. Man muß einfach.

Gerold Späth: Ursula Schuster

(1980 v)

In seinem Gefängnis besuche ich ihn immer wieder, ungesehn.

Seine Frau bin ich, wiewohl er mich in Raserei umgebracht hat, seine Frau bin ich doch.

Ich liebe ihn, seine Kraft, die brutale Gewalt.

Er war mein Stier. Mein glasäugiger Bulle war er, mein Folterknecht, Henker.

Ich hab mich ihm ganz gegeben und mit ihm gemacht, was mir und ihm gefiel.

Jetzt besuche ich ihn täglich. Zelle einhundertvier.

Ich liebe ihn.

Für meinen Peiniger, den Stier, geh ich durch Mauern, Wände, Eisengitter.

Meinem Auspeitscher bleib ich treu.

Seine wiedererwachten Begierden schlägt er tot, zerrt mich, reißt mich in Gedanken herbei und wieder und wieder entzwei. Aber nie mehr durchtost mich solcher Schmerz, solch unfaßbare Lust.

Klaus Stiller: Amerika!

(1979 v)

Meine Großmutter Martha Kudera beklagte sich nicht. Sie ahnte, daß sie es in Amerika vielleicht besser haben würde. Mir und meinem Bruder vertraute sie an, daß sie wahrscheinlich nach Amerika auswandern werde, sobald Jacky und Hilla dort Fuß gefaßt hätten. Dann würde sie eine riesige Hühnerfarm gründen, irgendwo zwischen Missouri und Mississippi. Sie wollte sich ganz auf Hühner spezialisieren, und die Farm würde mindestens zehntausend Leghennen haben.

Natürlich würde ein solches Unternehmen unheimlich viel Arbeit verursachen, und allein könne kein Mensch so etwas schaffen. Wenigstens zwei junge, tatkräftige Personen würde sie brauchen. Die hätten von früh bis spät das Farmgelände nach frisch gelegten Eiern zu durchforschen. Dann müßten die Eier in großen Körben zum Farmhaus geschleppt und dort gezählt werden.

Sie selber sei zum Einsammeln leider zu alt. Sie würde aber oben auf der freien Farmhausterrasse sitzen, um die vollen Eierkörbe in Empfang zu nehmen und die Eier zu verpakken, in Kartons zu je sechshundert Stück. Gegen Sonnenuntergang würde sodann aus der Kreisstadt ein enormes Lastauto anrollen, um die tägliche Eierernte zu verladen und zu den Großmärkten und Großabnehmern zu schaffen. Und bis in den späten Abend hinein würde sie vor dem Kamin sitzen und das gute amerikanische Geld zählen, lauter taufrische Dollars, für die man sich alles kaufen könne, was es nur gibt auf der Welt.

Wenn aber die Hennen fleißig gelegt hätten, würden die Eiersammler von ihr als täglichen Lohn eine nagelneue silberne Dollarmünze bekommen, so daß jeder nach einem Jahr 365 Silberstücke besitzen würde. Und das wären nach drei Jahren für jeden weit mehr als 1000 Dollar.

Wir fanden den Plan großartig und bettelten, mitkommen zu dürfen. Aber meine Großmutter meinte, so etwas dürfe nicht überstürzt werden. Ein paar Jahre müßten wir uns noch gedulden. Außerdem ginge es nicht ohne die Erlaubnis unserer Eltern, denn die Einwanderungsbestimmungen seien strenger denn je. Auf jeden Fall sollten wir aber jetzt noch niemand etwas verraten, auch den Eltern nicht. Doch wenn am Ende alles gelänge und wir in der Neuen Welt ankommen würden, dann, ja dann hätten wir alle so viel zu essen, wie wir wollten, und es gäbe rein alles für Geld zu kaufen: Fleisch und Eier, Schinken und Speck, Butter und Fett, Milch und Öl, Zucker und Mehl. Da hatten wir den Eindruck, daß meine Großmutter leicht übertrieb.

Urs Widmer: Buchhändler!

(1977 v)

Du kletterst auf Leitern und Stühle, um unsre Werke in die Hände der Kunden zu legen. In deinem Büro hängt ein Poster, auf dem steht, was der moderne Buchhändler von heute nicht tun darf, wenn er am Ball bleiben will. Du aber stolperst über jeden Ball, Buchhändler! Du liebst deine Leitern und Stühle. Da sitzt du und liest unsre langsam vergilbenden Erstlinge. Für dich wollen wir ein Buch schreiben, das, statt fast niemand, gar niemand kauft, das kannst du am Lager behalten ein Leben lang. Wir kommen dich jede Woche besuchen, du kochst einen Tee, wir bringen einen Schnaps mit, und dann erzählst du uns, wie du einmal, 1933, ein Buch schreiben wolltest, das die Welt von damals auf einen Schlag verändert hätte.

Urs Widmer: Lokomotivführer!

(1977 v)

Du sitzt im Führerstand deiner E-Lok, du tippst die Brems- und Beschleunigungsprogramme in den Fahrtencomputer, du hast alle Hände voll zu tun, aber später, wenn du pensioniert bist, wirst du am Fenster deines Hauses die Stellung einnehmen, die vor dir alle Lokführer aller Generationen schon in der Lokomotive hatten: Fenster offen, Ellbogen draußen, Augen zusammengekniffen. Du wirst die Autos unten auf der Straße beobachten, wie sie einspuren und überholen, und bei besonderen Gefahrenlagen wird es in deinem Kopf pfeifen. Jedesmal hast du dir in jedem Tunnel gesagt, Paul, alle Züge fahren immer auf dem richtigen Geleis. Ein Freund von dir ist verunglückt, weil er Durchfall hatte und sich nicht traute, seinen Zug auf freiem Feld anzuhalten, auszusteigen und sich vor den Augen der Fahrgäste ins Gras zu hocken. So fuhr er wie von Furien gehetzt in die letzte Kurve vor dem Bahnhof von Bever, und der Zug entgleiste. Als du ein Kind warst, träumtest du davon, Lokführer zu werden, Lokführer! Dein Sohn träumt davon, Pilot zu werden. Für ihn wird es, wenn er dann einmal Durchfall hat, noch schwieriger sein, aus seinem Flugzeug auszusteigen und sich in die weißen weichen Wolken zu hocken, vor den Augen aller Fluggäste.

Rudolf Otto Wiemer: Frühzug

(1979 v)

Damals, als wir noch mit Dampf fuhren, sagte der Lokführer, passierten wir jeden Morgen gegen sieben Uhr dreißig die Unterführung bei Kolze, einem Vorort, der wenige Kilometer von unserem Ausgangsbahnhof entfernt ist. Nichts Besonderes, nee. Nur Jakob Schmitz, der Heizer, reckte jedesmal den Hals, sobald wir die Kastanienallee hinter uns hatten. Dann kam, wie gesagt, die Station Kolze, wo wir nicht hielten.

Ob er den Posten schon bezogen hat? schrie Jakob Schmitz. Er schrie, denn bei voller Fahrt ist in der Maschine eine schlechte Verständigung.

Wer? schrie ich zurück.

Na, der Spinner.

So nannten wir den Mann, den wir seit ungefähr vier Wochen an dieser Stelle beobachteten, Mitte September, jeden Morgen, oft sogar bei Sturm oder Regen.

Dort führt nämlich die Fahrstraße unter der Eisenbahn

durch und biegt scharf nach links. Gleichzeitig mündet von rechts, bei den Häusern von Kolze, eine zweite, mit Obstbäumen bestandene Straße, die früher ein Feldweg war, jetzt aber voll ausgebaut ist. Sie hat keine Vorfahrt, doch um diese Zeit, wenn die Berufstätigen unterwegs sind, wird sie stark beansprucht.

Da also stand unser Mann. Er hatte sich so postiert, daß er gleichzeitig die Kolzer Straße und die ziemlich enge Unterführung, aus der der Hauptstrom der Autos hervorquoll, im Auge behielt.

Wie er aussah, der Mann? Wir erkannten ihn sofort an seinem hellen, etwas zerbeulten Hut. Außerdem hatte er einen Spazierstock bei sich. Ein kleiner, ziemlich magerer Bursche, mit kurzen, krummen Beinen, wie es uns vorkam, und mit einer Brille. So an die sechzig mag er gewesen sein, vielleicht auch älter. Jedenfalls stand er jeden Morgen gegen sieben Uhr dreißig an dieser gefährlichen Stelle und regelte den Verkehr.

Wie er das machte? Genau feststellen konnten wir es nicht. Die Lok fuhr bei Kolze bereits das vorgeschriebene Tempo, da bleibt einem nicht viel Zeit zum Beobachten.

Gewöhnlich stand der Mann still, drehte nur ruckweise den Kopf, entweder zur Kolzer Straße oder zur Unterführung. Dann, wenn die Unterführung frei war, gab er den wartenden Autos ein Handzeichen. Manchmal hob er auch den Arm oder den Stock, und im Herbst, als die Tage dunkler wurden, haben wir ihn sogar eine Laterne schwenken sehen.

Weshalb er das tat? Tja, das wußten wir lange nicht. Wir nannten ihn, wie gesagt, den Spinner, nicht mal seinen Namen kannten wir. Bis Jakob Schmitz, der Heizer, ein Jahr später die jüngste Tochter nach Kolze verheiratete. Da erfuhren wir, daß der Mann früher im Zementwerk beschäftigt und jetzt Rentner war. Na, und? Er hatte seinen Sohn, einen wilden Motorradfahrer, wie man so sagt, an dieser Stelle verloren, früh zwischen sieben und acht, bei schlechter Sicht und Nieselregen.

Na ja, das ist alles. Seitdem steht er dort, der Alte, und regelt den Verkehr. Möglich, schloß der Lokführer seinen

Bericht, daß man eines Tages ein Stopschild dort hinsetzt, wie die Gemeinde Kolze es beantragt hat. Aber bis so etwas entschieden ist, dauert es manchmal lange.

Gabriele Wohmann: Wer kommt in mein Häuschen

(1983 v)

Also gut, dann bleib heut morgen erst nochmal im Bett.
Felix beobachtete seine Mutter, seine Spannung ließ nach, sie schnickte die Quecksilbersäule im Fieberthermometer auf diese vertraute Weise abwärts, und er nähme ja gern die ganze Mühe auf sich, das silbrige Zeug wieder bis in die Nähe der Zahl 38 hinaufzuerwärmen. Er fing an, sich wohler zu fühlen. Jetzt käme auch gleich sein Frühstück. Aber irgendwas stimmte nicht so recht. So, wie seine Mutter heute morgen nicht geräuschlos war, kündigte sich Unfriede an. Außerdem merkte er, daß sie ihm nicht wie sonst immer überreichlich zu essen hinstellte - sie stellte den Teller mit anderthalb Brotscheiben nicht hin, sie stellte ihn ab - und sie war dann am Telephon zu irgendeiner Person ausgesprochen muffig.
Ach, wie soll's schon gehen, sagte sie.
Felix erfaßte ihr Problem, schon bevor sie ins Telephon schnauzte.
Unmöglich, daß ich komme, leider. Ich muß einfach auch mal irgendwann allein sein, nicht mehr und nicht weniger, nur eben: allein.
Er stand zum Mittagessen auf.
Wie geht's dir, fragte seine Mutter. Weißt du, wenn es dir einigermaßen gut geht, sollten wir doch überlegen, ob du dich nicht am Nachmittag zum Training rübertrollst.
So gut fühle ich mich nicht, sagte Felix.
Ich frage mich nur immer wieder, ob wir nicht doch einen Fehler machen, sagte seine Mutter.
Sie aßen Corned beef und Kopfsalat, und es war fast zwei Uhr geworden, bis sie sich dazu aufgerafft hatte, eine Art Mahlzeit herzustellen. Seine Nachspeisen suchte sowieso

anschließend jeder sich selber im Süßigkeitenfach oder bei den Milchprodukten im Kühlschrank zusammen.

Weißt du, Schätzchen, ich denke oft dran, wie dein Onkel Albrecht verwöhnt wurde, als er ein Kind war. Er war, wie du weißt, ein kleiner Nachkömmling, immer unter Erwachsenen. Hatte auch immer so ungewisse Beschwerden.

Jetzt lachte sie komplizenhaft, die gute Mami. Aber Felix genoß es diesmal nicht. Vielleicht hatte er die glückliche Zeitspanne der Häuslichkeit überzogen, bedurfte eines Wechsels. Weshalb aber bereitete es ihm nicht wie sonst, wenn er sich entschloß, in die häßliche Welt der Gleichaltrigen aufzubrechen, dieses stolze Vergnügen, der Mami gegenüber? Lag es daran, daß er ihr Motiv seit heute kannte? Allein zu sein, das wünschte sie, sie wünschte ihn aus dem Haus, nicht um seinetwillen. Das Beste an dem Kummer, der eben gerade aufkam, war eine brutalisierende Ausrüstung im Gemüt. Er machte sich auf den Weg, schlapprig fühlte er sich wirklich, fieberfrei wie er doch war, aber vor den ganzen Jürgen-Jochen-Michaels fürchtete er sich in diesem Augenblick kaum.

Glaub mir, es ist das Vernünftigste, rief sie ihm nach.

Da ging sein tapferer kleiner guter Körper wegaufwärts und von ihr weg. Sie fühlte sich gepreßt vom Drang, ihm nachzulaufen. Immer war es das Vernünftigste gewesen, vom Abschieben in den Kindergarten an, immer weg mit ihm, und eines Tages würde – und man mußte sogar denken: wenn er Glück hat, der Un-Glückliche, mein Felix – eine Ehefrau zu ihm »Es ist das Vernünftigste, wenn du gehst« sagen. Ins Büro, Amt, ins irgendwie sowieso feindliche Leben.

Sie mußte sich jetzt beeilen, um halb fünf wartete Frau Dressler mit ihren Gelenken auf sie und ihre heilgymnastischen Anwendungen. Sie machte nur noch vier Hausbesuche pro Woche. Am liebsten hatte sie die Hin- und Rückwege. Armbrusterstraße 49. Sie wußte aber schon an der Ecke Linderhofstraße, daß sie die Patientin Dressler sitzen ließe. Sie lief eilig weiter in Richtung Donau-Ufer. Blattläuse und andere winzige weiche Flugtiere schwirrten irrläuferhaft in der schwülen, freiheitlichen Flußluft. Ulm nur mit Einheimischen wäre furchtbar, dachte sie, denn die farbigen Ausländergrüppchen in den Uferwiesen imponierten ihr. Wie lang hatte sie das alles nicht gesehen. Wie eingesperrt man doch lebte. Vor einer kleinen Familienszene wäre sie am liebsten stehengeblieben: eine Frau in ihrem Alter frisierte ihr kleines Kind, ein Mädchen, vor dessen nackten Knien ein noch kleineres Kind hockte, ein Bübchen, dem die Schwester die Haare bürstete. Um diese Tageszeit waren hier die Ausländer fast unter sich. Wie schnell das hohe Wasser floß, sie müßte all diese Wunder dem Felixchen zeigen: Sie fühlte sich schon so weit aus ihrer Enge gerettet, daß sie es auf sich nehmen konnte, den nächsten Abweg zu benutzen und stadteinwärts zurückzukehren, und Frau Dressler wäre nachsichtig mit ihr.

Schöner verschleierter graufarbener Fluß! Felix wagte es aber nicht, sich am Ufer niederzulassen. Das Gebiet war nicht sehr sicher. Die andern Kinder könnten jederzeit um irgendeine Ecke biegen. Er ging ziemlich rasch. In einer fremden Sprache rief ihm ein Mädchen etwas, das freundlich klang, zu.
Plötzlich passierte dann das mit ihm, was im »Hand aufs Herz« den Helden »bis ins Mark erschrecken« ließe: er erkannte seine Mutter. Sie lief ihm entgegen. Jetzt käme heraus, daß er das Training schwänzte, was gar nicht so schlimm war. Er blieb stehen und dachte: wie festgemeißelt. Am schlimmsten war wohl, daß sie und er einander betrogen. Jetzt weiß ich nicht weiter, dachte er, und er merkte, daß es das gab, lautes Denken, denn er hörte seinen fünf Wörtern hinterher. Stand immer noch still.

Da steht er ja, stramm steht er, mein armer kleiner Liebling! Es gibt Schutzengel, fand sie, denn ihrer, offenbar vom heilgymnastischen Fach, der zwang sie in die Knie, sie ließ sich anleiten. Diesen letzten Eindruck, bevor sie sich ganz auf Felix konzentrierte, hielt sie noch fest: eine der fremdländischen Frauen lächelte ihr zu, eins der Kinder klatschte in die Hände. Dann breitete sie die Arme aus und rief,

obwohl sie sich genierte - wirklich, so etwas lag ihr überhaupt nicht - sehr sehr laut:
Wer kommt in mein Häuschen!?

Sähe uns jemand oben von der Stadtmauer aus zu, dann wären wir ein winziges Spielzeug, zweiteilig, ferngesteuert. Denn Felix fand es merkwürdig, daß er so rannte, aber es war das Glück, wie immer in Portionen dann und wann zu haben.

Quellenverzeichnis zur Kurzprosa

Materialien

Schriftstellerinnen und Schriftsteller über das Schreiben

Inhaltsverzeichnis

Einleitung

Der Materialienteil will keine Interpretationshilfen bieten. Die Kurzprosa ist so ausgewählt, daß es keiner professionellen Erläuterung bedarf, um einen Zugang zu finden. Beim Lesen selbst und beim Sprechen über das Gelesene soll entdeckt werden, wie Schriftstellerinnen und Schriftsteller ihre und unsere Gegenwart wahrnehmen und ihre Eindrücke, Erfahrungen, Gedankenspiele, Ängste und Utopien gestalten. Um menschliche Verhaltensweisen, Existenzformen, Lebensversuche geht es letztlich in allen Texten. Manche davon glaubt der Lesende zu kennen, er wird sie unschwer nachvollziehen, ›verstehen‹ können. Andere Entwürfe muten fremd an, machen neugierig auf die Verfasser. Was hat sie veranlaßt, diese ›Geschichten‹ zu schreiben, in der ihnen eigenen Form zu schreiben? Wen oder was wollen sie erreichen, welche Bedeutung messen sie sich und ihrem Schreiben in unserer Gesellschaft zu? Dies sind die Fragen, auf die die Materialien exemplarische Antworten geben wollen.
Jeder Beitrag ist eine persönliche Äußerung, die, für sich genommen und zum literarischen Werk in Beziehung gesetzt, einen interessanten Aspekt bietet. Daher beschränkt sich der Materialienteil unter Kunerts Frage »Warum schreiben?« auf Äußerungen der im Erzählteil vorgestellten Autorinnen und Autoren.

H(ans) C(arl) Artmann: [Vorwort des Autors]

(1970 v)
Meine heimat ist Österreich, mein vaterland Europa, mein wohnort Malmö, meine hautfarbe weiß, meine augen blau, mein mut verschieden, meine laune launisch, meine räusche richtig, meine ausdauer stark, meine anliegen sprunghaft, meine sehnsüchte wie die windrose, im handumdrehen zufrieden, im handumdrehen verdrossen, ein freund der fröhlichkeit, im grunde traurig, den mädchen gewogen, ein großer kinogeher, ein liebhaber des twist, ein übler schwimmer, an schießständen *marksman,* beim kartenspiel unachtsam, im schach eine null, kein schlechter kegler, ein meister im seeschlachtspiel, im kriege zerschossen, im frieden zerhaut, ein hasser der polizei, ein verächter der obrigkeit, ein brechmittel der linken, ein juckpulver der rechten, unbehaglich schwiegereltern, ein vater von kindern, ein Judas der mütter, treu wie Pilatus, sanft wie Puccini, locker wie Doctor Ward, schüchtern am anfang, schneidig gen morgen, abends stets durstig, in konzerten gelangweilt, glücklich beim schneider, getauft zu St. Lorenz, geschieden in Klagenfurt, in Polen poetisch, in Paris ein atmer, in Berlin schwebend, in Rom eher scheu, in London ein vogel, in Bremen ein regentropfen, in Venedig ein ankommender brief, in Zaragoza eine wartende zündschnur, in Wien ein teller mit sprüngen, geboren in der luft, die zähne durch warten erlernt, das haar nach vorne gekämmt, die bärte wie schlipse probiert, mit frauen im stehen gelebt, aus bäumen alphabete gepreßt, karussells in wäldern beobachtet, mit lissabonnerinnen über stiegen gekrochen, auf tourainerinnen den morgen erwartet, mit glasgowerinnen explodiert und durchs dach geflogen, catanesinnen verraten, kairenserinnen bestürzt, bernerinnen vergöttert, an pragerinnen herangeraten, grüßgott gesagt, feigen gestohlen, revolver entdeckt, aus booten gestiegen, papierdrachen verwünscht, masken verfertigt, katakomben gemietet, feste erfunden, wohnungen verloren, blumen geliebt, schallplatten verwü-

stet, 150 gefahren, unrat gewittert, lampione bewundert, monde verglichen, nasen gebrochen, parapluies stehengelassen, malaiisch betrieben, positionen ersonnen, bonbons zertreten, musikautomaten gerüttelt, dankbar gewesen, heidenangst verspürt, wie der hirsch gelaufen, die lunge im maul gehabt, unter rosen geweilt, spielzeug gebastelt, rockärmel verpfuscht, Mickey Spillane gelesen, Goethe verworfen, gedichte geschrieben, scheiße gesagt, theater gespielt, nach kotze gerochen, eine flasche Grappa zerbrochen, *mi vida* geflüstert, grimassen geschnitten, ciao gestammelt, fortgegangen, a gesagt, b gemacht, c gedacht, d geworden. Alles was man sich vornimmt, wird anders als man sichs erhofft...

In: *Klaus Reichert (Hrsg.): The Best of H. C. Artmann. Lyrik Theater Prosa Theoretisches. Suhrkamp, Frankfurt a. M. 1970, S. 7f.*

Thomas Bernhard: [Was sich die Leute unter einem Schriftsteller vorstellen]

(1971 v)

[...] Ich weiß nicht, was sich die Leute unter einem Schriftsteller vorstellen, aber jede Vorstellung in der Beziehung ist sicher falsch... Was mich betrifft, bin ich kein Schriftsteller, ich bin jemand, der schreibt... Andererseits bekommt man Briefe aus Deutschland oder irgendwoher, aus Provinzstädten, aus größeren oder von Sendern oder gewissen Veranstaltungsunternehmungen... Man tritt dort auf, man wird vorgestellt als ein tragischer, düsterer Dichter, und das geht so weit, daß man in Laudationen auch als solcher vorgestellt wird, in so pseudowissenschaftlichen Arbeiten. Es heißt dann, das ist ein Autor, ein Schriftsteller, der so und so einzuordnen ist, und die Bücher sind düster, die Figuren sind düster und die Landschaft ist düster, also – *der Mensch ist auch düster,* der jetzt vor uns sitzt. Bei so einer Laudatio bleibt eigentlich gar nichts übrig als irgendein düsterer Klumpen in einem dunklen Anzug... Na, ich gelte ja als sogenannter *ernster Schriftsteller,* wie Béla Bartók als ern-

ster Komponist, und der Ruf verbreitet sich ... Im Grunde ist es ein sehr schlechter Ruf ... Mir ist absolut *unbehaglich* dabei. Andererseits bin ich natürlich auch kein heiterer Autor, kein Geschichtenerzähler, Geschichten hasse ich im Grund. Ich bin ein *Geschichtenzerstörer, ich bin der typische Geschichtenzerstörer.* In meiner Arbeit, wenn sich irgendwo Anzeichen einer Geschichte bilden, oder wenn ich nur in der Ferne irgendwo hinter einem Prosahügel die Andeutung einer Geschichte auftauchen sehe, schieße ich sie ab. Es ist auch mit den Sätzen so, ich hätte fast die Lust, ganze Sätze, die sich *möglicherweise* bilden könnten, schon im vorhinein abzutöten. Andererseits ... [...]
Das Furchtbarste ist für mich Prosa schreiben ... Überhaupt das Schwierigste ... Und von dem Augenblick an, in dem ich das bemerkt habe und gewußt hab', *habe ich mir geschworen,* nur noch Prosa zu schreiben. Ich hätte ja etwas ganz anderes machen können. Ich hab' sehr viel andere Disziplinen gelernt, aber *keine furchtbare.* [...]
Und ganz früh hab' ich – so bis siebzehn, achtzehn Jahre –, hab' ich nichts so gehaßt wie Bücher ... Ich hab' bei meinem Großvater gelebt, der hat geschrieben, und es war eine riesige Bibliothek da, und immer mit diesen Büchern zusammen zu sein, durch diese Bibliothek gehen zu müssen, jeden Tag, war für mich allein grauenhaft ... Und wahrscheinlich ... warum bin ich eigentlich zum Schreiben gekommen, warum schreibe ich Bücher? *Aus Opposition gegen mich selbst plötzlich,* und gegen diesen Zustand – weil mir Widerstände, wie ich schon einmal gesagt habe, *alles* bedeuten ... Ich wollte eben diesen ungeheuren Widerstand, und dadurch schreibe ich Prosa ... [...]

Thomas Bernhard: 2. Tag. In: *Der Italiener. Residenz Verlag, Salzburg 1971, S. 151f., S. 154f. Ausschnitte.*

Bettina Blumenberg: [Interview]

Das Interview wurde am 17. 5. 1984 von Mitgliedern der Arbeitsgemeinschaft ›Literatur‹ *(AL)* eines Butzbachers Gymnasiums, das Bettina Blumenberg selbst in ihrer Schulzeit besucht hatte, geführt.

AL: Wir sind etwas jünger als Sie damals, als Sie vor knapp 20 Jahren mit der Arbeitsgemeinschaft zu Katia Mann nach Kilchberg fuhren. Welche wichtigen Stationen sehen Sie im nachhinein auf dem Wege zu der Schriftstellerin heute, die ihr zweites Buch vorbereitet?

BETTINA BLUMENBERG: Das ist für mich eine schwierige Frage, weil ich keinen geradlinigen Weg beschreiben kann. Ich kann nur etwas nachzeichnen, was sich anhört wie Zickzack, aber, zurückgelesen, doch ein sehr gerader Weg ist. Wahrscheinlich ist es mit Leben überhaupt so, daß es nur zurückgelesen eine Geradlinigkeit ergibt. Die wichtigen Stationen sind keineswegs die, die mit Literatur zu tun haben, sondern diejenigen, die mit Leben zu tun haben. Es sind Scharnierstellen, Entscheidungen, die ich immer wieder habe treffen müssen. So habe ich nicht etwa angefangen zu studieren mit dem Ziel, dieses Studium abzuschließen und dann Schriftstellerin zu sein, sondern ich habe es angefangen, ohne zu wissen, zu welchem Ziel es führen wird, ich habe immer nur gewußt, zu welchem Ziel es nicht führen soll. Ich habe eigentlich alle Entscheidungen nach einem solchen Ausschlußverfahren getroffen. [. . .]

AL: 1980 erschienen Ihre ersten Erzählungen: Blitzlichter, Momentaufnahmen, mit Worten gemalte Bilder bestimmter Situationen, eingestreuter Aperçus und einer meist unerwarteten Wendung. Eine Gefahr entpuppt sich als Geborgenheit, Vertrautes als Unangenehmes, eine oberflächlich erscheinende Freundin als ein Mensch, der ohne die andere nicht mehr leben kann. ›Angriffe‹ das alles, verhaltene Ironie, ein bißchen an die Wohmann erinnernd, doch ohne deren gnadenlose, ätzende Schärfe. Wie entstehen solche Texte?

BETTINA BLUMENBERG: Sie entstehen aus Versatzstücken meiner Wirklichkeit, meiner Wahrnehmung, aus Betroffenheit. Ich gerate in Erregung, in Spannung, in Trauer, in Euphorie, die mir Erkenntnisse geben, die ich aber nur punktuell erfassen kann und im Schreibprozeß weiter durchdringe, das heißt, in solchen Oppositionsstrukturen. Mir ist wichtig, im Schreibprozeß diese Oppositionsstrukturen in immer weitere Oppositionen aufzusplittern, so daß nicht mehr zu sagen ist, wo das Positive, wo das Negative ist. Das ist ein dialektischer Prozeß, der immer kleinteiliger wird, oder immer größer, je nachdem, so daß die Texte, wenn sie ›Angriffe‹ heißen oder ›Zuwendungen‹, nie einen Angreifer bezeichnen und einen Angegriffenen, sondern immer ist der Angreifer auch der Angegriffene und umgekehrt, weil ich nicht glaube, daß es in den Zusammenhängen des menschlichen Lebens diese Eindeutigkeit gibt. Das ist eine existentielle Erfahrung, die ich schon sehr früh gemacht habe, nämlich, daß man das Gute, das Schlechte nicht so eindeutig benennen kann. Und das ist der Antrieb für diese Texte, daß das Harte und das Weiche so aufeinanderprallen, nicht etwa, daß sie sich umkehren, sondern daß sie in ihre Elemente zerlegt werden, die jeweils auch wieder als hart und weich benennbar sind. Das heißt aber nicht, daß am Ende die Harmonie stünde. Was zurückbleibt, ist immer der Kampf.

[...] Ich schreibe nicht unbewußt drauf los. Zu meiner Entscheidung, Schriftstellerin zu sein, gehört, daß ich erlebt und verstanden habe, daß ich überhaupt nur mit den Wörtern mehr erfahre; denn dieser Arbeitsprozeß mit den Wörtern ist ein Erkenntnisprozeß. Es ist nicht so, daß man nur aufschreibt, was man schon weiß, sondern man erfährt im Schreiben mehr. [...]

In: *Butzbacher Autoren-Interviews 3, hrsg. von Hans-Joachim Müller, Gesellschaft Hessischer Literaturfreunde. Eduard Roether Verlag, Darmstadt 1985, S. 44f., S. 47. Ausschnitte.*

Ingeborg Drewitz: [Zur Einführung der ›Hoffnungsgeschichten‹]

(1979 v)

Es war ein Wagnis, nach der Hoffnung zu fragen, von Politikern und Theologen, Schriftstellern und Journalisten Antworten zu erwarten, die dem Anprall der täglichen Wirklichkeit standhalten, der Versuchung zur Resignation ausweichen. Und es ist ein Wagnis, die Antworten, die ja oft Fragen sind, auch Absagen an die Hoffnung, vorzulegen, weil sie die Verwirrung, die das Wort noch immer stiftet, widerspiegeln, weil es große und kleine, persönliche und kollektive Erfahrungen mit dem Wort gibt; weil das Pathos der Gegenkraft, das Ernst Bloch dem Wort zugestanden hat, abhanden gekommen scheint.

Ist es das?

Sicher, wer das Jahrhundert überdenkt, wer die halb gelungenen, halb gescheiterten Entwürfe überdenkt, die der Menschheit, den Völkern, den einzelnen Auswege angeboten haben – sei es aus mittelalterlich verkrusteten Sozialstrukturen, aus frühindustrieller Verlorenheit, sei es aus dem Zugriff der Technologie –

wer die Genozide, die Massenfluchten, wer das Potential der Vernichtungswaffen, wer die Versehrung des ökologischen Gleichgewichts, wer Rassendiskriminierung, Klassengegensätze, ideologischen und religiösen Fanatismus überdenkt –

wer die Ratlosigkeit spürt, die in der erschreckenden Zunahme der Selbstmorde, in der beängstigenden Ausbreitung der Drogenabhängigkeit, im ständig wachsenden Alkoholkonsum, im Geschlechterhaß, in den Verstörungen der Kleinstrukturen: Paar, Familie abzulesen ist –

wer die Ghettos, die Slums, die Hochhauswüsten sieht, die Kinderprostitution, die Hungerkadaver, die Leichenberge Erschossener, Erschlagener, die fast Tag für Tag von den ungelösten Konflikten, von der Hoffnungslosigkeit zeugen (Bildschirmhorror, kaum noch mehr) –

der kann dem Wort Hoffnung nicht trauen.

Und wer den Mißbrauch der Emanzipationskämpfe in der

sogenannten Dritten Welt durch die Großmächte um jeden Fußbreit Einflußbereich beobachtet, vergißt das Wort.
Wer den Alltagstod in den Wohlstandsländern - allein in der Bundesrepublik monatlich 1200 Verkehrstote - wer den Krebstod, den Herztod, die Arbeitsunfälle zur Kenntnis nimmt, bereitet sich statt auf Hoffnung auf Flucht vor: Flucht in die vielen falschen Idyllen des Wohlstands, die zu neuen Abhängigkeiten, neuen Versehrungen sozialer und ökologischer Balance führen.
Und doch das Wagnis, nach dem Wort zu fragen, weil es das Wort, nein, weil es Hoffnung geben *muß,* Hoffnung auf das mögliche Überleben. Weil Hoffnung gegen Resignation, gegen Angst und Fatalismus gültig sein *muß.* Mehr: Weil Hoffnung uns verpflichtet, nicht aufzugeben, Zukunft im Blick zu halten, die Entwürfe von Zukunft an der Wirklichkeit zu messen, zu bessern. Weil Hoffnung uns verpflichtet, unsere Skepsis einzubringen gegen den Verzicht auf Zukunft. Weil Hoffnung auch mit Verantwortung übersetzt werden kann: - für die Mißstände und gegen sie an. Weil Hoffnung uns antreibt, Modelle für ein Miteinander der Menschheit, die Emanzipation der Völker, die Sinnfindung für den einzelnen nicht nur zu denken, sondern auch zu verwirklichen. Weil Hoffnung uns Mut macht, nicht zu verzweifeln, nicht in falsche Idyllen, nicht in die Abwesenheit des Rausches, nicht in die Dumpfheit des Ohne-Mich zu flüchten. Weil Hoffnung Arbeit ist, aber nicht blindlings sein kann. Weil Hoffnung und Gehorsam nicht identisch sind. Weil Hoffnung und Fleiß nicht identisch sind. Weil Hoffnung und Ideologie nicht identisch sind. Weil Hoffnung und Frömmigkeit nicht identisch sind. Weil Hoffnung und Hoffnung nicht identisch sind.
Also - ließe sich kurzschließen - doch Ratlosigkeit, chaotisches Nebeneinanderherwursteln, - Denken, - Probieren, - Fordern?
Also doch vergebliche Benennungsversuche für Ursache und Wirkung, Macht und Gegenmacht? Vergebliche Aufklärung, Information?

Die hier vorliegenden Gedichte, Geschichten, Entwürfe, Predigten sind Bestandsaufnahmen, Stellungnahmen, Erfahrungsberichte, selten Hoffnungs*berichte*. Aber alle Hoffnungs*geschichten*! Weil jeder auf seine Weise vom Umgang mit seiner Hoffnung erzählt. [...]

In: *Ingeborg Drewitz (Hrsg.): Hoffnungsgeschichten. Bertelsmann, Gütersloh 1979, S. 9–11. Ausschnitt.*

Peter Härtling: [Nachwort zum Erzählband ›Der wiederholte Unfall‹]

(1980 v)

Erzählungen habe ich eher zufällig und ›im Auftrag‹ geschrieben. Und viele sind es bis jetzt nicht geworden. Ich ziehe seit je den Roman vor. Weshalb, habe ich mir noch nie erklärt. Nun, da dieses Bändchen zum ersten Mal meine Erzählungen sammelt, will ich es versuchen.

Wahrscheinlich hat meine Zurückhaltung vor der kürzeren, raffenden Prosa mit meinem Zeitempfinden zu tun, mit meiner Vorstellung, wie der Mensch Geschichte erfährt und von ihr mitgenommen wird. Es reizt mich, Zeit zu schichten, die Vielfalt von Erinnerung auszubreiten, die Unruhe, Waghalsigkeit, aber auch die verdrängende List des Gedächtnisses vorzuführen. Ich muß nicht auswählen, kann, erzählend unterwegs, Nebenwege, sogar Sackgassen erkunden, kann schlendern, mich herumtreiben. Der Roman erlaubt es; oder duldet es wenigstens. Die Erzählung nicht. Sie verlangt Disziplin, engt notwendigerweise ein. Sie zieht zusammen, beschäftigt sich kaum mit einem ganzen Leben, sondern mit einem Abschnitt daraus. Für meine Begriffe ist die Erzählung sogar die Kunst des Abschnitts. Die großen Erzähler – ich denke an Tschechow, Kleist oder Hemingway – haben die geradezu traumwandlerische Fähigkeit, aus einer unendlichen, niemals geschriebenen Geschichte eben jene Szene, jene einzigartige Situation herauszulösen, ›abzuschneiden‹, die dennoch auf einen viel weiteren Zusammenhang verweisen. Sie trauen

der Phantasie ihrer Leser viel zu, fordern sie geradezu heraus. Die Erzählung gleicht der Eisscholle, die auf einem Fluß treibt. Sie ist Teil von ihm, aber sie ist auch ›anders‹, hat eine veränderte Konsistenz. Der Strom fließt unter ihr; in ihr hält er inne.
Für mich dagegen sind manche meiner Erzählungen Keime, Anfänge. [...]
[...] Ich konnte mich mit dem ›Abschnitt‹ nicht abfinden. Ich kann es auch nicht, wenn ich mich an die Arbeit setze. Schon da unterscheidet sich der Romancier vom Geschichtenschreiber. Denn der hat sich selbst befristet, überschaut Stoff und Zeit, weiß, wenn er beginnt, ungefähr, wann er die Geschichte zu einem guten, schlimmen, offenen Ende gebracht hat. Der Romancier aber stürzt sich in seinen Stoff wie in dessen Zeit – und beide scheinen erst einmal unendlich.
Vielleicht hat man mir deshalb alle meine Erzählungen abverlangen müssen. Man schränkte mich ein, indem man mir Termine setzte, und ich lernte auf diese Weise, wie schwierig es ist, einen ›Abschnitt‹ erzählend auszufüllen.

Peter Härtling: Der wiederholte Unfall. Erzählungen. Reclam, Stuttgart 1980, S. 75f. Ausschnitte.

Peter Handke: [Vornotiz zum ›Journal‹ ›Das Gewicht der Welt‹]

(1977 v)

Diese Aufzeichnungen sind in der Form, wie sie hier erscheinen, nicht von vornherein geplant gewesen. Es wurde mit ihnen in der Absicht begonnen, sie in einen Zusammenhang zu bringen, etwa einer Geschichte oder, wie noch an der häufigen Beschreibung von bloßen Gesten am Anfang zu erkennen, eines (stummen) Theaterstücks. Die täglichen Wahrnehmungen wurden also im Kopf zunächst übersetzt in das System, für das sie gebraucht werden sollten, ja, die Wahrnehmungen an sich, wie sie zufällig geschahen, wurden auch schon ausgerichtet für einen mög-

lichen Zweck. Eindrücke, Erlebnismomente, bei denen es nicht gelang, sie auf den gemeinsamen Bezugspunkt der im voraus gewählten literarischen Form einzustellen, wurden dabei vernachlässigt; sie »konnten vergessen werden«. Gerade durch den Zustand der angespannten Aufmerksamkeit, in den ich mich für die Aufzeichnungen hineingedacht hatte, fiel mir dieses tägliche Vergessen besonders auf. Es erschien mir sehr bald als ein Versäumnis, und so fing ich an, auch die nicht-projektdienlichen Bewußtseins-Ereignisse sofort festzuhalten. So wurde allmählich der Plan zerstört, und es gab nur noch die spontane Aufzeichnung zweckfreier Wahrnehmungen.
Je länger und intensiver ich damit fortfuhr, desto stärker wurde das Erlebnis der Befreiung von gegebenen literarischen Formen und zugleich der Freiheit in einer mir bis dahin unbekannten literarischen Möglichkeit.
Ich übte mich nun darin, auf alles, was mir zustieß, sofort mit Sprache zu reagieren, und merkte, wie im Moment des Erlebnisses gerade diesen Zeitsprung lang auch die Sprache sich belebte und mitteilbar wurde; einen Moment später wäre es schon wieder die täglich gehörte, vor Vertrautheit nichtssagende, hilflose »Du weißt schon, was ich meine«-Sprache des Kommunikations-Zeitalters gewesen. Einen Zeitsprung lang wurde der Wortschatz, welcher mich Tag und Nacht durchquerte, gegenständlich. Was auch immer ich erlebte, erschien in diesem »Augenblick der Sprache« von jeder Privatheit befreit und allgemein. [. . .]

Peter Handke: Das Gewicht der Welt. Ein Journal (Nov. 1975 – März 1977). Residenz Verlag, Salzburg 1977, S. 5f. Ausschnitt.

Peter Handke: Ich bin ein Bewohner des Elfenbeinturms

(1967 v)

[...] Die Wirklichkeit der Literatur hat mich aufmerksam und kritisch für die wirkliche Wirklichkeit gemacht. Sie hat mich aufgeklärt über mich selber und über das, was um mich vorging.

Seit ich erkannt habe, worum es mir, als Leser wie auch als Autor, in der Literatur geht, bin ich auch gegenüber der Literatur, die ja wohl zur Wirklichkeit gehört, aufmerksam und kritisch geworden. Ich erwarte von einem literarischen Werk eine Neuigkeit für mich, etwas, das mich, wenn auch geringfügig, ändert, etwas, das mir eine noch nicht gedachte, noch nicht bewußte *Möglichkeit* der Wirklichkeit bewußt macht, eine neue Möglichkeit zu sehen, zu sprechen, zu denken, zu existieren. Seitdem ich erkannt habe, daß ich selber mich durch die Literatur habe ändern können, daß mich die Literatur zu einem andern gemacht hat, erwarte ich immer wieder von der Literatur eine neue Möglichkeit, mich zu ändern, weil ich mich nicht für schon endgültig halte. Ich erwarte von der Literatur ein Zerbrechen aller endgültig scheinenden Weltbilder. Und weil ich erkannt habe, daß ich selber mich durch die Literatur ändern konnte, daß ich durch die Literatur erst bewußter *leben* konnte, bin ich auch überzeugt, durch meine Literatur andere ändern zu können. Kleist, Flaubert, Dostojewski, Kafka, Faulkner, Robbe-Grillet haben mein Bewußtsein von der Welt geändert.

Jetzt, als Autor wie als Leser, genügen mir die bekannten Möglichkeiten, die Welt darzustellen, nicht mehr. Eine Möglichkeit besteht für mich jeweils nur einmal. Die Nachahmung dieser Möglichkeit ist dann schon unmöglich. Ein Modell der Darstellung, ein zweites Mal angewendet, ergibt keine Neuigkeit mehr, höchstens eine Variation. [...]

[...] Zuallererst geht es mir um die Methode. Ich habe keine Themen, über die ich schreiben möchte, ich habe nur ein Thema: Über mich selbst klar, klarer zu werden, mich kennenzulernen oder nicht kennenzulernen, zu lernen, was ich falsch mache, was ich falsch denke, was ich unbedacht denke, was ich unbedacht spreche, was ich automatisch spreche, was auch andere unbedacht tun, denken, sprechen: aufmerksam zu werden und aufmerksam zu machen: sensibler, empfindlicher, genauer zu machen und zu werden, damit ich und andere auch genauer und sensibler existieren können, damit ich mich mit anderen besser verständigen und mit ihnen besser umgehen kann. [...]

Peter Handke: Ich bin ein Bewohner des Elfenbeinturms. 1967. Zitiert nach: Peter Handke: Prosa · Gedichte · Theaterstücke · Hörspiel · Aufsätze. Suhrkamp, Frankfurt a. M. 1969, S. 263f., 270. Ausschnitte.

Brigitte Kronauer: [Im Gespräch mit Asta Scheib]

(1987 v)

Brigitte Kronauer, 1940 in Essen geboren, hat eigentlich schon immer geschrieben. »Schon immer«, das heißt, daß ihre Eltern literarisch sehr interessiert waren. So konnte Tochter Brigitte den Vater schon als Schulkind durch erfundene Geschichten vom Mangel an Schönschrift ablenken: »Bevor ich wußte, daß es den Beruf Schriftsteller gibt, habe ich schon immer gern Geschichten geschrieben. Es war auch das, was ich in der Schule am besten konnte.« Gemeinsam mit ihrem älteren Bruder hat die Zehnjährige Wettdichten veranstaltet. Daraus entstand in der Pubertät die Vorstellung, daß Schreiben ein ganz phantastischer Beruf sein müsse. Schließlich wurde es für Brigitte Kronauer ja auch zu einer existenziellen Angelegenheit. Doch davor war noch ein Pädagogikstudium, denn die Eltern konnten ihrer Tochter keine Schriftstellerexistenz ermöglichen: »Ich brauchte eine Basis und wirtschaftliche Unabhängigkeit durch einen Beruf, von dem ich hoffte, daß er mich nicht allzu sehr fordern würde.« Diese Hoffnung trog. Brigitte Kronauer nahm ihre Arbeit als Lehrerin so ernst, daß sie sich in wenigen Jahren völlig verschliß. Sich aufs Schreiben einzulassen, daran war gar nicht mehr zu denken. Eigentlich wollte Brigitte Kronauer nur eine Zeitlang Urlaub von der Schule machen. Doch dann kam es anders. [...]

Bei dieser Schriftstellerin kommt man gar nicht auf die Idee, die allseits ebenso beliebte wie gefürchtete Frage zu stellen, warum sie denn schreibe. Doch Brigitte Kronauer bringt die Sprache selbst auf dies Thema. Denn immer, wenn sie eine Zeitlang Schreibpause eingelegt hat, zweifelt sie heftig daran, ob sie überhaupt noch schreiben könne. Und dann, besonders wenn es nicht gelingt, denkt sie doch gelegentlich darüber nach, warum sie denn eigentlich schreibt: »Wenn ich mich mit Leuten unterhalte - und für mich sind persönliche Kontakte wichtig -, dann kann ich mich nicht wirklich adäquat ausdrücken, so daß ich immer etwas hinter dem zurückbleibe, was ich sagen will. Schreiben ist insofern die beste Möglichkeit für mich, auszudrücken, was ich meiner Umwelt mitteilen möchte. Das ist ein wichtiger Punkt, der einem besonders klar wird, wenn man über seine Sachen spricht. Es entsteht ein Gefälle. Das, was von den eigenen Gefühlen und Gedanken mitteilenswert ist, ist komplex und kompakt aufgehoben. Dann geht man wieder auf die normale Unterhaltungsstufe runter, und die Sachen zerrinnen und werden völlig zerdeppert übermittelt.« [...]

»[...] So von meinem 25. Lebensjahr an hat mich das Zurückkommen der Manuskripte sehr bekümmert. Ich habe das als Werturteil aufgefaßt. Ich glaubte ja, daß Verlagslektoren Literaturpäpste seien. Ihre Ablehnung bedeutete für mich, daß ich nichts kann, daß meine Arbeit schlecht ist. Trotzdem stimmt es nicht, wenn manchmal über mich geschrieben wird, ich hätte mehr als zehn Jahre um den Erfolg gekämpft. ›Kämpfen‹ stimmt nicht, und ›Erfolg‹ ist in diesem Zusammenhang auch falsch. Ich wollte nur Resonanz von außen haben, damit ich mit meiner Schriftstellerei den Fuß in der Realität habe. Darauf kam es mir an. Natürlich habe ich ganz nebenbei auch geheult, wenn ich aus einem Urlaub nach Hause kam, und es lag wieder eine Anzahl dieser braunen Umschläge da.«

[...]

[...] Hat Brigitte Kronauer manchmal, wenn Manuskripte zurückkamen, versucht, ihren Stil zu ändern, anzupassen an andere, erfolgreiche Autoren? Ja. Sie hat sich Bücher erfolgreicher Autoren genommen, hat eine Seite aufgeschlagen und hat gedacht: »Warum ist das gut und wird akzeptiert? Warum wird das, was ich schreibe, zurückgewiesen? Ich habe versucht, einen generellen Unterschied zu finden, wie ein Analphabet, der etwas nicht begreift. Ich habe verglichen und bin wieder bei dem gelandet, was ich gemacht habe. Letztendlich habe ich doch Vertrauen in mich selbst gehabt. In meinen Romanen steht immer eine Entwicklung im Zentrum. Ich kann mir ein Leben nur als permanente Entwicklung vorstellen. Ich glaube, daß meine frühen Texte viel formalistischer gewesen sind. Ich hatte einen ziemlich radikalen Ausgangspunkt, den Nouveau roman. Daran habe ich viel gelernt. Er ist mir aber irgendwann ein allzu enges Muster geworden. Ich habe stark konzeptuell geschrieben, niemals autobiographisch, bekenntnishaft oder überschäumend gefühlvoll. Ich bin den anderen Weg gegangen in eine größere Komplexität. Ich hätte mich nirgends anpassen können.« [...]

»Ich habe manchmal Angst vor meinen Büchern. Ich fürchte mich, sie aufzuschlagen und plötzlich auf einen Satz oder auf ein Wort zu stoßen, das mir heute nicht mehr gefällt. Ich habe aber auch schon die Erfahrung gemacht, daß ich gesagt habe: Donnerwetter, das hast du geschrieben? Das ist ja richtig gut! Es ist einem manchmal ganz fremd. Und das ist ein gutes Gefühl, wenn es mir nicht vertraut ist, sondern fremd. Ich versuche im übrigen auch, meine Bücher in gewisser Weise zu vergessen, denn ich habe das Gefühl, daß ein neues Projekt soviel Kraft erfordert, daß ich nicht diese früheren Sachen auch noch auf dem Buckel haben möchte. Irgendwie stecken die Bücher sowieso in einem. Ich möchte mich mit ihnen nicht mehr auseinandersetzen. Das macht Lesungen lästig. Die Zuhörer stellen ausführliche Fragen, und man selbst ist schon ganz weit weg.«

Asta Scheib: Einmal Milchstraße sein. Ein Gespräch mit der Schriftstellerin Brigitte Kronauer. Süddeutsche Zeitung, Nr. 185, 14./15./16. 8. 1987. Ausschnitte.

Günter Kunert: Warum schreiben?

(1972 v)

Das Motiv ist ganz simpel: um zu leben. Nicht im Sinne von Sich-physisch-am-Leben-Erhalten, sondern in einem anderen, was ich im folgenden zu sagen versuchen will.

In jüngeren Jahren scheint die Anzahl der wählbaren Existenzweisen, in denen man aufgehen könnte, unbegrenzt zu sein; so viele Möglichkeiten bieten sich an, daß einem vor der vorgeblichen Fülle des Lebens der Verstand, zumindest der Wille stillsteht, sich rasch für eine zu entscheiden. Man probiert dies und jenes, heiratet (meist mehrfach), vergrößert legal oder illegal die Menschheit, wechselt Arbeitsplätze, Städte, Wohnungen, Ideale, um am Ende kein befriedigendes Resultat zu erhalten. Man findet, man habe seine Fähigkeiten vertan, die Möglichkeiten verspielt, indes andere klug genug gewesen sind, sich beizeiten zu entscheiden. Doch auch die anderen, die offensichtlich über Jahrzehnte hinweg eine kontinuierliche Entwicklung genommen, erweisen sich als unzufrieden: Sie wiederum halten das experimentelle, ergebnislose Leben für ein prallerfülltes und sehen das Scheitern als ein Gelingen an. Das rührt von einem tiefen Mißtrauen gegenüber dem eigenen Lebenslauf her, weil ihn fast jeder aus einer irrealen, häufig sogar der Trivialkunst entstammenden Perspektive sieht und bewertet. Kaum einer versucht, sein Dasein als etwas nur ihm Eigentümliches zu fassen, sondern paßt sich Vorbildern an, was jedoch niemals zur vollen Zufriedenheit gelingt. Jedes dieser Vorbilder ist nicht Archetyp, wohl aber ein stilisiertes Funktionsobjekt, mehr oder weniger maßvoll der Realität enthoben und solcherart in ihr gar nicht praktizierbar. Der trotzdem immer wieder wiederholte Versuch führt letztlich zur Frustration.

Diese nur scheinbar abschweifende Einleitung, die ein allgemeines Verhalten vermerkt, hat den Zweck, den Kontrast herzustellen, den man braucht, um sich selber sichtbar zu machen. Für mich also waren weder die vermeintliche Vielfalt noch die angebliche Konstante gültig. Ohne Beruf, in dem ich hätte aufsteigen oder aus dem ich hätte aussteigen können, kam ich früh zum Schreiben, mit siebzehn Jahren, um sogleich diesem merkwürdigen Metier zu erliegen. Ich konnte nichts anderes, und – was zukunftsprägender war – ich wollte auch gar nichts anderes können. Ein einziges Mal unternahm ich den Versuch, mehr geschoben als hingezogen, mich mit einem relativ ›normalen‹ Beruf, nämlich dem des Redakteurs, zu verbinden, aber das mißlang gründlich, weil meine Unlust und mein Entsetzen vor der mich plötzlich verschlingenden Mechanik, vor der Schrumpfung zu reiner Funktion den Mangel an pragmatischem Talent noch vergrößerten: Die unheimliche Ahnung, zunehmend von etwas zwanghaft Automatischem ausgefüllt zu werden, lähmte mich völlig und machte mich tatsächlich krank. Durch dieses lange zurückliegende Experiment lernte ich jedoch, daß ich für irgendwelche nützlichen Zwecke kein brauchbarer Mensch bin. Auch wenn die anderen mir gegenüber den guten Willen gezeigt hätten, den ich nicht aufbringen konnte: mit mir war nichts Vernünftiges anzufangen – falls man den öden Utilitarismus, der die Welt verwüstet, für eine Erscheinungsweise menschlicher Vernunft zu halten geneigt ist. Es blieb mir gar nichts anderes übrig, als mich an dem dünnen Faden, den ich selber spann, über die täglichen Abgründe zu hangeln. Und erst nach einer Weile merkte ich, daß dies kein Zusatz sei, kein Akzidenz des Eigentlichen, sondern das Eigentliche überhaupt. Je mehr ich beim Schreiben mich im Geschriebenen aufzulösen vermochte, desto stärker schrumpfte – als sei das der Preis – die Zahl der Themen und Stoffe, an deren Unerschöpflichkeit ich einst geglaubt hatte wie andere an die besagte Lebensvielfalt. Mit zunehmender Einheitlichkeit von Text und Autor endet des Autors Rolle als Clown oder Oberlehrer; jeder moralische Impetus verliert das Imperative und wird zu Blickwinkel und Stil, zur Frequenz des buchstäblichen Wesens, zu dem sich der Autor selbst abstrahiert. Proportional dazu wächst die Unfreiheit bei allen literarischen Unternehmen, läßt die Variabilität nach, weil nur gelingt, was der Verwandlung Vorschub leistet: alles andere geschieht halben Herzens oder unterbleibt. Manche Sache wird Nebensache. Dabei schien es am Anfang so einfach: man kannte das Alphabet und eine Spur von Grammatik, warum also nicht über die Schönheit der Kellerasseln schreiben, über das Glück der Blödheit, die Liebe zur Menschheit und andere Phantasmagorien: Die Sprache hat doch die Funktion, allem und jedem dienstbar zu sein. Warum fehlt mir dazu die Fähigkeit? Warum nicht jeden Auftrag ausführen wie ein biederer Handwerker, der sich dem Wunsch seines Kunden fügt, auch wenn er ihn für närrisch hält?

Es gelingt aus dem einfachen Grunde nicht, weil man sich in etwas verwandeln müßte, das man nicht ist, ja das es eigentlich gar nicht gibt und das daher grauenvoll scheint: das bewußt praktizierte Exempel einer Selbstentfremdung. Man selber würde zunichte, müßte man die eigene reale Persönlichkeit in einen realitätsleeren Schein umsetzen. Das wäre Selbstmord durch sprachliche Umwandlung ins Nichts. Danach ist man bestenfalls noch als lebender Leichnam vorhanden und kann als solcher besichtigt werden. Wird ein Mensch gezwungen, sein individuelles Ich - so er eines besitzt - gewaltsam in eine fixe Idee umzuformen, hört er auf, Mensch zu sein: Das ist Mord auf höherer Ebene.

Schreiben: weil der Umwandlungsprozeß, bei dem ich Text werde, ein dialektischer Regenerationsprozeß ist: Ich verliere und gewinne zugleich. Der Vorgang schafft gesteigerte Spannung, wie jedes Suchen und Finden; gesucht und gefunden aber wird das Unvorhergesehene. Man zieht in die Fremde, die man selber ist; zur Entdeckung des unpersönlich Allgemeinen, das man höchstpersönlich innehat. Schreiben: damit sich ereignet, was jeder insgeheim wünscht: daß der Moment einen Moment lang Dauer behält und immer wieder erweckt werden kann. Schreiben: ein wellenartiges Sichausbreiten nach allen Seiten, das Grenzen ignoriert und immer mehr und immer Unbekannteres einbezieht und erhellt.

Schreiben: weil Schreiben nichts Endgültiges konstituiert, sondern nur Impulse gibt; weil es ein unaufhörlicher Anfang ist, ein immer neues erstes Mal, wie Beischlaf oder Schmerz. Solange man schreibt, ist der Untergang gebannt, findet Vergänglichkeit nicht statt, und darum schreibe ich: um die Welt, die pausenlos in Nichts zerfällt, zu ertragen.

Günter Kunert: Warum schreiben? Zuerst in: Tagträume in Berlin und andernorts. Hanser, München 1972. Zitiert nach: Warum schreiben? Notizen zur Literatur. Aufbau-Verlag, Berlin und Weimar 1976, S. 202–205.

Adolf Muschg: Untergehen gilt nicht

(1972 v)

Wenn es in der Frage nach dem ›Engagement‹ ein Resultat gibt, so ist es nur als Prozeß denkbar; vom Autor her gesehen: ein Prozeß, den er sich zwischen der Versuchung, im Werk zu bleiben, und der Versuchung, es zu sprengen, selber macht. Das Ende muß allerdings, so lange wir überhaupt von Literatur und nicht von etwas anderem reden, ein Werk sein, ein Ende also – aber ein Ende, das mit nicht vorhersehbaren Anfängen geladen ist. Vom Leser, von der Gesellschaft her gesehen: ein Ende, aus dem der Mut zu Anfängen zu schöpfen ist, auch wenn der Anfangspunkt in der Verzweiflung liegt. Zu dieser Verzweiflung wird immer mehr, beim Sender wie beim Empfänger, diejenige an der *Möglichkeit* von Literatur gehören, und diese Verzweiflung ist schon darum dem ›positiven‹ Geschreibe vorzuziehen, weil in ihr das Gewicht von Literatur, wie verleugnet auch immer, aufgehoben bleibt. Im übrigen wird die Frage nach der ›Möglichkeit‹ von Literatur sofort sinnlos, wenn sie zur Reizfrage für Podiumsdiskussionen wird; im Herrschaftsbereich von Meinung und Gegenmeinung ist Literatur ohnehin nie ›möglich‹ gewesen. Sie ist genau so lange möglich, wie sie sich, in ihren Grenzen und im Spiel mit diesen Grenzen (welches das Leiden daran einschließt), durch *Eigensinn trotz allem* beglaubigt. Nur eins scheint nicht mehr möglich: Engagement als Hochherzigkeit im Nebenamt, als friedliche Koexistenz mit einem im übrigen fraglos gebliebenen Werk.

Der ›engagierte‹ Autor, ungeduldig mit sich selbst, muß heute sein Publikum mehr als je um Geduld bitten: so klein es geworden ist - und es ist das einzige, das er hat -, er muß seine Fragen desavouieren, wo sie auf Antworten zielen; er ist der Mann, der die Antworten nicht weiß, sonst würde er nicht schreiben. Er hat eine Mission, für die es kein Programm und keine anderen Worte gibt als diejenigen, die er in seiner Arbeit so verwendet hat, daß sie in einem andern Zusammenhang unverwendbar werden. Seine Schuldigkeit, die von einer Provokation nicht zu unterscheiden ist, besteht darin, daß er in einer Zeit, wo Antworten gebraucht werden, selbst noch seine Fragen chiffriert, und daß er in einer Welt, die jeden Augenblick kaputt gehen kann, immer noch *spielen* muß - als ob sich Zeit und Welt nie gelohnt hätten, wenn nicht auch das Ende noch *im Spiel* aufzufangen wäre. Er stellt, mit den Mitteln der Fiktion, mutwillig einen Zusammenhang her, für den sich nicht einmal mehr die Theologen verbürgen können: den Zusammenhang zwischen unerträglichem Inhalt und immer wieder möglicher Form, schlichter gesagt: zwischen Verlust und Paradies.

Adolf Muschg: Fiktion und Engagement, oder: kein letztes Wort auf einem sehr weiten Feld. In: *Peter André Bloch/Edwin Hubacher (Hrsg.): Der Schriftsteller in unserer Zeit. Zytglogge, Bern 1972, S. 260f.*

Rudolf Otto Wiemer: [Vorwort zu ›Lob der kleinen Schritte‹]

(1981 v)

Hier also soll in Betrachtungen und Geschichten ein Wort eingelegt werden für die Unscheinbarkeit der kleinen Schritte, für ihr sanftes Gesetz und die behutsame Art, es zur Geltung zu bringen. Ein Wort über den Zaun; ein Klopfen an die Tür, damit sie sich öffnet; eine ausgestreckte, eine nicht zurückgezogene Hand; ein Erschrecken über sich selbst, ein rasches Zupacken; eine unvergoltene Mühe, auch eine vergebliche; ein Umdrehen des Fernglases, damit aus groß klein wird und aus klein groß; ein Blick durch den Tunnel; ein Zögern vor dem zornigen Wort - mehr ist es nicht, was wir von den geringen Schritten erwarten dürfen. Aber vielleicht bringen sie uns ein winziges Stück voran, vielleicht auch ein Stück näher zu uns selbst, im Haus, im Beruf, im Staat, im Zusammenleben der Völker. Denn wo kleine Schritte noch möglich sind, da ist gute Aussicht: Aussicht auf Veränderung.

Rudolf Otto Wiemer: Lob der kleinen Schritte. Betrachtungen und Geschichten. Friedrich Reinhardt, Basel 1981, o. S.

Gabriele Wohmann: [Interview]

(1977 v)

Das Interview fand am 30. 5. 1973 in Gabriele Wohmanns Haus in Darmstadt statt. Interviewer war eine Arbeitsgemeinschaft Butzbacher Schülerinnen und Schüler.

ARBEITSGEMEINSCHAFT: Ihre Thematik - die Schattenseiten menschlicher Beziehungen - durchzieht nahezu Ihr ganzes Werk. Halten Sie das Thema vom Stoff her irgendwie für erschöpft?

WOHMANN: Ich habe nie den Eindruck, daß ich mit irgend etwas, das ich zu Ende geschrieben habe, wirklich zu Ende bin, daß ich etwas fertig gemacht habe und daß ich am Abschluß bin, was nicht bedeutet, daß ich immer das gleiche schreiben möchte. Aber ich allein kann ein Thema überhaupt nicht »erschöpfen«. Und »Schattenseiten menschlicher Beziehungen«, dazu gäbe es ja noch unendlich viel mehr zu sagen, auch anderes. Bei mir sind es wirklich meistens private, subjektive, individuelle Situationen. Es gäbe ja so viel mehr an Thematik, aber das ist auch durch mich nicht erschöpfbar, und das habe ich auch gar nicht vor. Ich sehe mein eigenes Schreiben gar nicht so einseitig nur grau und schattig. Aber das ist eine Frage der Interpretation. Und mich selbst interpretieren will ich auch nicht.

ARBEITSGEMEINSCHAFT: In ihren Geschichten spüren wir eine gewisse Resignation.

WOHMANN: Ich bin ein Gegner von Resignation. Schon dadurch, daß ich schreibe, daß ich lebe und schreibe, bin ich gegen Resignation. Resignation ist ein ganz öder Zustand, in dem man überhaupt nichts mehr macht, in dem man alle Dinge gleichmütig erträgt, das heißt, mit herabgezogenen Mundwinkeln.

Bestimmt habe ich solche resignierende Figuren gezeigt, weil diese Leute mir leid tun und weil ich finde, daß sie in diesem Zustand nicht bleiben können. Um dem zu widersprechen, eigentlich schreibe ich von ihnen, nicht um mein Einverständnis mit ihnen zu erklären.

ARBEITSGEMEINSCHAFT: Dann wäre doch an und für sich die Möglichkeit gegeben, diese Personen so zu schildern, daß man einen Ausweg zeigt, der aus dieser Situation herausführt. Wäre das nicht viel effektvoller für die Betroffenen?

WOHMANN: Also meine Idee war seither, das Auswegfinden demjenigen zu überlassen, der liest und der ja nicht von mir ein Rezept angeboten bekommen will oder es nicht sollte. Denn diese Art Schriftsteller finde ich ganz unheimlich autoritär, die mir sagen, wie es richtig ist und gemacht werden soll. Das halte ich nicht für die Aufgabe der Literatur, Auswege zu zeigen, Lösungen. Mir ist viel sympathischer, wenn mir ein sogenannter Denkanstoß gegeben wird und wenn ich einen Denkspielraum übriggelassen bekomme, in dem ich mit der Figur dann machen kann, was ich will, indem ich eine Sache fortschreibe für mich...

ARBEITSGEMEINSCHAFT: Was bringt Sie dazu, Ihre Geschichten zu erzählen? Woher stammen Ihre Detailkenntnisse?

WOHMANN: Es ist sicherlich eine Art Bedürfnis, etwas zu artikulieren, was einen beschäftigt, beunruhigt. Mit der Zeit gerät man da so zwangsläufig hinein und macht damit weiter. Ich habe kein besonderes Anstoßereignis, über das ich reden könnte, das mich zum Erzählen von irgendwelchen Stoffen gebracht hat. Das kann ich wirklich in mir kaum erforschen. Ich denke auch niemals so theoretisierend über mich nach. Es ergibt sich so. [...]

In: *Butzbacher Autoren-Interviews 2. Hessische Beiträge zur deutschen Literatur, hrsg. von Hans-Joachim Müller, Gesellschaft Hessische Literaturfreunde. Eduard Roether Verlag, Darmstadt 1977, S. 51f. Ausschnitte.*

Gabriele Wohmann: [Gespräch]

(1977 v)

WOHMANN: [...] Wenn ich vom Privaten, vom einzelnen ausgehe, dann gehe ich eigentlich von mir selber aus. Ich berichte also, zwar in einer anderen Person steckend, von Erfahrungen, die *ich* gemacht haben könnte. Und ich glaube, insofern ist es auch kein ganz unpolitisches Schreiben. Ich glaube, Politik findet auch dann statt, wenn man zu einer Person nicht freundlich genug war, wenn man gedankenlos war und irgendeinen Satz gesagt hat, der eine Art Mißhandlung ist. Das ist auch Politik. Es klingt ein bißchen nach Ausrede, aber ich meine es ganz ernst. [...]

RUDOLPH: Ist das Schreiben eigentlich für Sie eine Art Notwehr gegen irgendetwas?

WOHMANN: Ja, das könnte schon sein, das kann man schon so auffassen. Aber wieviel für mich selber dabei herauskommt, kann ich schlecht beurteilen; ich glaube, es bleibt bei diesem »Aufreibungsprozeß«. Ich bin immer